AF245812

LE
TEMPS PRÉSENT

PENSÉES D'UN HOMME OBSCUR

PARIS

Victor Palmé, Libraire-Éditeur

Rue de Grenelle-Saint-Germain, 23

—

1871

LE TEMPS PRÉSENT

PENSÉES D'UN HOMME OBSCUR (1)

I.

Les vrais Ennemis de la France.

Un militaire polonais, involontaire compagnon d'armes des oppresseurs de sa patrie, entraîné contre nous par ce flot de hordes barbares qui désolent la France, abordant naguère un Français dans la cathédrale de Versailles, lui disait : *Êtes-vous catholique ? moi je le suis. Vos vrais ennemis, que Dieu les voie et les juge.*

Oui, la France aujourd'hui est aux prises avec ses deux mortels ennemis : le Germanisme protestant et la Démagogie révolutionnaire, sortis l'un et l'autre d'un même berceau.

Le roi Guillaume a beau répandre sur ses proclamations, semées de paroles de l'Écriture, l'hypocrite vernis du piétisme, le dernier descendant d'Albert de Brandebourg, de ce grand maître de l'ordre Teutonique traître à sa foi et à son serment, n'est qu'un révolutionnaire couronné.

Révolutionnaire, — il l'est par ce seul principe qui l'élève en ce monde au-dessus de toute autorité, même spirituelle ; il l'est encore par tous les actes de son gouvernement qui ne professe d'autre politique que celle de la ruse et de la force. Traités violés sans scrupules, nationalités écrasées, annexions violentes, princes légitimes dépossédés, guerres poursuivies à outrance avec la plus sauvage furie, perfides trames nouées avec tous les agents de la dissolution sociale en Europe, rien ne coûte à ce souverain pour étendre son inique domination. Dieu certes le voit, et Dieu l'aura bientôt jugé.

L'autre ennemi de la France, — celui-là d'autant plus dangereux qu'elle concourt elle-même à serrer les nœuds dont il l'étreint, — c'est l'esprit démagogique. Dieu voit aussi cet ennemi, Dieu le juge, et en

(1) Ces pensées étaient écrites aux premiers jours de janvier 1871.

même temps les secrètes intelligences de la victime avec le démon qui l'oppresse. Or, si l'on veut que le Jugement introduise enfin après soi la Miséricorde, il faut qu'à l'exemple de la conscience malade, la nation souffrante sache faire le procès à ces subtils conspirateurs qui flattent au dedans et qui tuent, qu'elle s'en sépare, qu'elle les proscrive. Mais un peuple, comme un homme en particulier, n'a d'ennemis sérieux que ceux qu'il aime et dont il se fait contre lui-même le complice, c'est-à-dire les idées fausses et les mauvaises passions.

II.

La Révolution.

L'hérésie protestante a éloigné l'homme de la véritable Église et de la seule autorité qui puisse le protéger contre les excès de la puissance temporelle. Étrange libérateur de la conscience humaine, le protestantisme a confondu de nouveau l'un et l'autre pouvoir dans la main de César et livré la liberté de l'âme aux oppresseurs de la terre.

La Révolution, développement logique du principe protestant, consomme le divorce de l'homme et de Dieu. En philosophie, elle revêt toutes les formes de l'impiété depuis le déisme, négation de la Providence, jusqu'à l'athéisme, négation de l'Être même.

Sur les autels renversés du Dieu vivant, elle proclame la morale indépendante, c'est-à-dire l'immoralité ; en politique, elle déclare la souveraineté du peuple, c'est-à-dire le droit absolu des ténèbres et du nombre.

La Révolution est donc en philosophie, en morale, en politique, la substitution de l'autorité et de la parole de l'homme à l'autorité et à la parole de Dieu.

Mais que gagne l'homme, cet être d'un jour, à déposséder ainsi Celui qui est ?

La pensée philosophique prétend refaire le monde. Elle explique la vie tour à tour par la succession des phénomènes, par la matière, par le hasard, par des inanités logiques.

Quelque songe-creux, quelque idiot du métier admire vaniteusement Hegel et les sophistes de cette taille, sachant gré à ces géants de folie d'entrer dans leurs gigantesques délires. Le vulgaire ne sonde pas de tels abîmes ! Et il est si flatteur d'être du petit nombre ! Mais, dites-nous, critique profond et raffiné, — accordé la force intellectuelle nécessaire pour fournir à telle ou telle condition d'erreur, — cette erreur si vaste et toute immensité de malice qu'elle soit, n'en est pas moins l'immensité du rien, et la tête d'où elle est sortie un objet de dédaigneuse pitié. Le malheureux qui, de furie, se précipite d'une haute cime sur des rocs et se brise, laisse-t-il donc, sur le bord du gouffre, un sot admirateur de ce prodige d'élan ? Le christianisme, ou la parole divine, est le garde-fou de la philosophie. Où va la science, où va l'intelligence, où va cette folle, quand elle échappe à son gardien ? à des infinis de néant.

Ainsi l'air intellectuel est partout vicié de malignes erreurs qu'on appelle : *Unité de la substance, identité des contradictoires, négation du surnaturel, loi du progrès* ou *de la perfectibilité indéfinie dans un avenir exclusivement terrestre*, etc. — et la grande voie de la vie se perd, et le progrès dans l'ordre, et le véritable avenir !

Faut-il s'étonner que de tant d'hommes qui ont marqué de nos jours, pas un seul ne se soit rencontré qui fût grand, pas un seul qui fût heureux ? — A tous le bonheur a manqué comme la grandeur. Ils ne furent pas grands, faute de simplicité ; ils ne furent pas simples, faute de vérité. Ils n'ont eu le sentiment profond, ni de la vie, ni de la mort, n'étant sérieux ni avec l'une, ni avec l'autre. Ils ont ramené toute l'existence à la mesure de leurs opinions ; et ces opinions, stérile murmure de leurs passions ou de leurs instincts, furent petites. — Qui d'entre ces modernes a jamais su se désapproprier ? Qui a su se vaincre, parfois se surpasser, sortir enfin du moi ? Ce n'est sans doute qu'en soi que l'homme peut trouver grandeur et félicité, mais à la condition qu'il y fasse place à plus grand que lui. Il n'a de grandeur que par sa foi. C'est manque de foi qu'on s'égare aujourd'hui, mais non manque de crédulité. Car celui-là est bien crédule qui se flatte de ne croire qu'à soi-même. Croire à la philosophie négative, à l'exégèse impie, à la science athée, au dogme révolutionnaire, croire au pauvre esprit humain, tout cela n'est que manière de croire à la bagatelle par défiance de la vie.

Le panthéisme ou athéisme Hégélien, Saint-Simonien, Césarien, qui domine aujourd'hui dans les conseils despotiques et révolutionnaires, travaille à protestantiser les peuples catholiques, à anéantir dans les pays protestants ce qu'il y reste encore de la Croix du Christ, pour arriver, bon gré mal gré, à faire un monde sans foi, sans espérance, sans Dieu !... Le monde sans Dieu ! sans le Christ !... mais ne voit-on pas l'abîme ?... Quel ergastule et quel cloaque !... Que devient l'homme, quand il mérite d'être assez abandonné pour abjurer l'Homme-Dieu ? Un monstre de superbe et de bassesse. Il se dresse jusqu'à faire le Dieu ; il descend jusqu'à la bête ! mais bête ou Dieu, son abjection est la même. Car plus il s'exalte à contre-sens, plus en réalité il s'abaisse. Son abaissement réel est la mesure exacte de ses élévations impies. Quoi de plus bête que de faire le Dieu ? Déserteur de ces belles vertus d'humilité et de patience que le Rédempteur seul est venu révéler à la terre et qui font les âmes véritablement fortes et fières, vertus initiatrices à un monde supérieur, et, dans l'ordre présent, si éminemment sociales, l'homme progressivement diminué perd enfin sans retour ce beau caractère de l'être « placé un peu au-dessous de l'ange ; » et, de dégradation en dégradation, il devient un je ne sais quoi d'extravagant et de terrible qui inspire tout à la fois l'horreur et le dégoût. Marat, Danton, Robespierre, pour taire leurs modernes disciples, voilà l'homme révolutionnaire, l'homme qui est à lui-même son dieu et sa loi.

III.

La liberté politique ne saurait être où la liberté morale n'est pas.

Quand les hommes sont possédés de leur passion, ils se font ou se choisissent un principe qui l'autorise, et suivent une logique très-déterminée. Ils savent que cette logique les conduira où *ils veulent*, et c'est là le crime ; mais ils ne voient pas, ils ne se soucient pas de voir au delà, et ici commence le châtiment. Cette logique qui, en gouvernant tous leurs actes, les met en possession de ce qu'ils convoitent, ne saurait empêcher que les choses mêmes ne développent leurs conséquences invincibles, en sorte que les hommes, arrivés où ils ont voulu, ne peuvent se dire : demeurons ici. Ils se sentent tout à coup entraînés, et vont où *ils ne voudraient pas*. Les faux philosophes, les faux savants, les faux politiques outragent Dieu, la nature humaine, la raison, la vérité, la lumière ; ils veulent le panthéisme, l'athéisme, le scepticisme, la nuit enfin, pour saisir l'homme animal de la liberté satanique et qu'il se saoule, sans remords, de toutes les voluptés dont la bête est capable. Une heure, un siècle leur est laissé de cette joie sans frein et sans alarme. Voilà ce qu'ils veulent, et ils veulent plus sans doute : la perpétuité du repos au fond de ce bourbier. — Lève-toi ! va !

Va encore ! — Mais où ? Je suis bien ici, je suis maître, je suis roi, je suis Dieu. — Va donc, maître, roi, Dieu, va toujours ! va jusqu'au bout ! — Et il faut aller jusqu'au bout. Et il faut recueillir les derniers fruits de cette royale ivresse, de cette divine indépendance. Et voilà comme deux spectres hideux qui se découvrent : — ici, une démagogie sanglante, furieuse, sorte de panthéisme politique, brisement de l'individu et de toute force particulière ; — là, l'épée brutale, despotique, qui s'abat soudain sur les sociétés blasphématrices. Souvent Dieu se venge par le bras même des pires vengeurs.

Le suicide de la raison et de la liberté morale est du même coup la mort de toute liberté sociale et politique.

L'homme ne sera jamais libre dans l'ordre civil qu'autant qu'il le sera dans le for intérieur, vainqueur de la passion égoïste et de l'erreur, c'est-à-dire véritablement maître de lui-même. Autant de fois qu'il abdiquera cet empire sur soi, il s'abandonnera à autant de dominateurs qu'il aura de passions, et l'empire illimité qu'il aura laissé prendre à ces honteuses puissances, le soumettra nécessairement au frein et au mors dans l'ordre politique. Car, l'homme étant né sociable, un pouvoir est socialement nécessaire, pouvoir d'autant plus doux qu'il s'adresse à des êtres qui, sachant se conduire eux-mêmes, en auraient moins besoin, mais aussi d'autant plus dur qu'il devra par la force seule suppléer tous les freins, celui même de la conscience qui n'existe plus chez les peuples ingouvernables. La mauvaise philosophie, la mauvaise science, la littérature vicieuse, l'art corrupteur conspirent avec la tyrannie ; ils en sont les fauteurs les plus dangereux et les instruments les plus souples. En entraînant les âmes à la révolte contre le vrai *self government*, contre la loi morale, ils préparent la voie à toute servitude et perpétuent toute honte. Un peuple corrompu est un peuple asservi, fût-il en république, déclaré souverain et en possession du suffrage universel.

IV.

De la dignité du libre arbitre.

Le libre arbitre est le don le plus immense, le plus incompréhensible que l'être créé ait pu recevoir de l'infinie magnificence de son Auteur.

La science parfaite de cette puissance de l'âme répandrait une lumière bien vive sur les derniers secrets du ciel et de la terre.

Un grand religieux du xiie siècle, Richard de Saint-Victor, considère le libre arbitre de l'homme comme une image de la majesté divine : « Dieu, dit-il, n'a pas de supérieur et n'en peut avoir, et le libre arbitre ne souffre point de domination et n'en peut souffrir. Il ne convient pas, en effet, au Créateur, et il n'est pas au pouvoir de la créature de lui faire violence (1). »

Que l'on s'étonne donc de l'immensité du mal qui règne en ce monde.

L'homme, par cette faculté admirable mais effrayante, est mis pour la vie ou pour la mort, sous la main de son conseil, et Dieu ne retire pas ses dons à cause de l'abus que l'homme en peut faire.

L'homme est averti, mais demeure libre et libre jusqu'au suicide. Dieu préviendrait la prévarication par une mort anticipée, si pour sauver la créature raisonnable d'elle-même, il lui retirait la liberté.

C'est à l'homme d'y songer, le moindre décret de la volonté humaine a des suites infinies.

V.

La Loi.

Le libre arbitre ou la liberté morale est donc tout l'homme La certitude de la liberté morale implique la certitude de la loi morale, et la nécessité de cette loi enveloppe l'existence nécessaire d'un suprême législateur.

Sans une loi préexistante, la liberté morale ne s'entend pas ; sans un suprême législateur, la loi est inexplicable, je veux dire impossible. Or, cette loi existe.

Le législateur, la loi et la liberté morale sont autant de vérités pour ainsi dire solidaires, et qui se supposent mutuellement. Elles s'offensent toutes ensemble de l'atteinte portée à l'une d'elles. La négation du lé-

____

(1) Deus superiorem non habet nec habere potest, et liberum arbitrium dominium non patitur, nec pati potest quia violentiam inferre ei nec Creatorem decet, nec creatura potest.

De statu interior. homin. Cap. III, *de dignit. liberi arbitrii.*

gislateur ou de Dieu entraîne comme conséquence la négation de la loi. La loi niée, la liberté morale disparaît, et l'homme avec elle.

Or, cette loi, science du bien et du mal, proposée dès l'origine du temps à la volonté libre, mais faillible; fixée plus tard sur des tables de pierre, *consommée* et non *abolie* par la promulgation de la Bonne Nouvelle; cette loi, dis-je, est l'immuable fondement de toute loi humaine, comme la souveraine puissance dont elle émane est la source unique de tout pouvoir humain.

Que si l'on relègue à l'écart Dieu et sa volonté, il est clair qu'il n'y a point de pouvoir légitime de l'homme sur l'homme;

Qu'aucun homme n'est, de son propre fonds, Lumière pour éclairer son semblable, ou Justice pour le redresser et le conduire.

Donc toute loi, toute constitution humaine qui dispose en dehors de la loi chrétienne, en violation de cette loi, en opposition à cette loi, est par là même frappée de nullité.

Dès lors que l'homme se déclare législateur en son propre nom, il usurpe le droit de Dieu et ne réussit qu'à produire au grand jour toute l'imbécillité de son orgueil. Aveugle qui s'arroge la conduite d'un autre aveugle! une même fosse s'ouvre à tant d'arrogance, à tant de crédulité. *Ambo in unam foveam cadunt.*

Tout pouvoir humain qui contredit au Christ et à sa parole, substitue au fardeau léger de l'Evangile la dure' domination de l'homme, les caprices violents d'une volonté sans règle et sans limites.

VI.

Déchéance de la liberté morale. Esprit révolutionnaire.

La liberté morale est la vraie puissance de l'homme. Rien ne peut la forcer ni la réduire, rien ne peut dominer ni entreprendre sur elle qu'elle-même. Mais contre soi elle peut tout, elle contre qui rien ne peut, si elle ne veut. Ainsi l'homme déchu volontairement de son libre arbitre est à soi-même son oppresseur. Esclave de ses faiblesses et de ses vices, il se fait, dans l'exacte mesure de cet esclavage, le tyran de ce qui l'entoure. La servitude intérieure qu'il finit par ne plus sentir, car l'âme corrompue s'y complaît, pèse odieusement aux autres, à proportion que le moi qui les maîtrise est plus fort et plus haut placé en ce monde. Or, ce moi, cet égoïsme oppressif, tour à tour simple comme le principat despotique et multiple comme les factions, parlementaires ou anarchiques, est le caractère commun des divers régimes que nous avons eu à subir depuis quarante ans. Semblables aux abîmes, toutes les corruptions s'appellent et se répondent. L'esprit révolutionnaire ne brise que les nobles liens de la conscience par où tout penchant vers le mal est retenu pour appesantir sur l'humanité ce joug honteux qui comprime tout effort vers le bien ! Par lui, l'homme est à la merci de l'homme ; l'arbitraire humain juge en dernier ressort, la force seule règne, et les sociétés roulant dans un cercle d'insurrection et de dictature, ne doivent plus peut-être attendre que de leur dernier jour la fin de cette monotone instabilité.

VII.

De la République en France.

Je ne me souviens pas d'avoir jamais rencontré parmi nous un homme de bien, en même temps homme de sens, qui fût ami de la Révolution et partisan de la République. Tous les révolutionnaires, tous les républicains systématiques que j'ai pu observer, je les ai trouvés, sans exception, plus ou moins tributaires de quelque sophisme d'esprit ou de cœur. L'histoire de la République, en France, est celle de nos erreurs et de nos excès. Inaugurée sur le champ de carnage du 10 août, à quelques pas de l'échafaud de Louis XVI, dressant tout de suite, à la voix du féroce Danton, le tribunal révolutionnaire, prodigue d'arrêts de mort qu'elle expédie par la main rapide des Couthon, des Saint-Just, des Carnot, des Robespierre, elle confond tous les âges, tous les rangs, toutes les conditions, dans la seule égalité qu'elle ait jamais faite, l'égalité du supplice et de la misère ! Boue teinte de sang, elle devient le Directoire, puis le Consulat, d'où s'élance jusqu'à la pourpre impériale ce lieutenant italien, dont la fortune fut si étrange, l'orgueil si grand, l'âme si petite. Transformée en brutal empire, elle disparaît sous le flot de l'invasion étrangère, pour revenir, hélas ! avec les journées de 1830. « Le trône populaire, environné d'institutions républicaines, » vivote quelque dix-sept ans au gré de la bourgeoisie voltairienne, puis tout à coup s'effondre en une nuit de 48.

Erigée de nouveau sur le pavé sanglant de Février, la République règne dans l'émeute jusqu'aux barricades de Juin, qui furent comme le pavois de ce second empire révolutionnaire, suprême honte et suprême malheur de la France!...

Il est enfin tombé de pourriture, tombé misérablement devant l'ennemi, sous le glaive de la Prusse, cet empire bas et pervers, et il nous laisse en proie à cette même anarchie qui l'avait porté dans ses flancs! La République nous revient pour la troisième fois, sous sa devise connue : liberté, égalité, fraternité, traînant après elle une longue queue de sectaires sinistres, ridicules ou obscurs, tous altérés de pouvoir et de rapine ; trivial recommencement de Girondins, de Cordeliers, de Jacobins, c'est-à-dire recommencement de forfaits, d'orgies, de sacriléges et de délires. Sur les débris de nos armées, sur le corps ensanglanté de notre patrie, que fait cette République subrepticement installée, et sans consulter la France ? installée par un vrai coup de main, contre le principe même dont elle s'autorise, celui de la Souveraineté nationale, qui, remarquons-le bien, ne fut jamais loyalement mise en demeure de se prononcer sur la forme du gouvernement qu'il lui convient d'adopter. Que fait cette République ? Voyez ces odieux clubistes qu'elle investit de pouvoirs proconsulaires, qui, par de lâches attentats contre la liberté et la propriété religieuse, préludent à des entreprises ultérieures sur d'autres libertés, sur d'autres propriétés ! — Cet avant-goût des choses de l'avenir nous fut déjà donné, il y a vingt ans. Mais du moins alors il était, pour ainsi dire, loisible de jouer au sophisme, au socialisme, de définir la propriété, le vol, Dieu, le mal ! — La Providence outragée tenait encore la vengeance suspendue. Notre indépendance nationale n'était pas menacée ; un déluge de barbares n'inondait pas notre territoire ; le régime qui venait de succomber ne nous avait pas amenés à cette extrémité d'humiliation et de péril. Il était réservé à l'inepte machiavélisme de la politique napoléonienne de nous faire vider la pleine coupe de l'opprobre : la troisième invasion de la France en cinquante ans devait être l'œuvre d'un *Buonaparte !* Eh bien ! à l'heure d'angoisse où nous sommes, à quoi songez-vous, ô réparateurs, ô sauveurs républicains ?

Ils dressent à Paris la statue de l'impie ; à Florence, ils s'associent par de sacriléges félicitations au bras parricide qui dépouille le Saint-Siége ! et sans en rougir pour la France, ils appellent à son secours le

coutelas d'un brigand ! Garibaldi à la rescousse ! Oh ! la honte déborde...
c'en est trop !!... Le héros d'Aspromonte s'est assuré d'avance pour prix
de ses services la liberté de traquer à loisir parmi nous les religieuses et
les prêtres ! ! ! Il vient poursuivre l'œuvre de ténèbres déjà si bien menée
par le héros de Sedan ! — Malheureuse République, qui n'aspire qu'à
éteindre la dernière flamme de la foi, et achève de briser le dernier tron-
çon de notre épée ! Malheureuse France, jetée en proie à cette sorte de
gouvernants beaucoup plus ardents à la poursuite de leur chimère anti-
sociale que soucieux du salut de leur patrie !

VIII.

Souverains gagnés à la Révolution.

La République telle qu'elle nous est faite, devenue l'expression
particulière de la Révolution, engage mortellement nos intérêts et notre
existence nationale. Pour peu qu'elle dure, le génie qui la possède, génie
de celui qui fut dit homicide dès l'origine, conduira la France, épuisée de
tant de crises, au dénouement terrible, à la rupture même du nœud
vital.

En théorie, la République n'est qu'une forme indifférente de gouvernement, comme la monarchie et l'aristocratie, dont toute la valeur est dans
les principes dont elle s'inspire. Jugée en France par une expérience
trop renouvelée, elle pourrait toutefois nous demander, avec une juste
ironie, quel est celui des monarques de l'Europe qui serait en droit de
lui jeter la première pierre... C'est en réalité un misérable spectacle
que donnent ces princes qui, au profit de la Révolution, se vengent sur
l'Eglise des soufflets qu'ils ont reçus de la Révolution. Que dire de
la Majesté Apostolique que le bombardement d'Ancône, il y a dix ans,
trouva inexorablement sourde ? Et aujourd'hui même, devant la ville
sainte et le tombeau des apôtres violés, son épée demeure sans frémisse-
ment ! Vainement, elle se sera flattée qu'une telle tolérance et la rupture
du concordat lui obtiennent grâce auprès d'un ennemi qui se prévaut de
toutes les faiblesses. Le dernier rejeton des Césars de la maison de
Habsbourg en sera peut-être l'Augustule.

Mais entre les souverains qu'elle a faits ses vassaux, la Révolution nous
montre d'un doigt plus particulièrement moqueur ce fils de l'antique

maison de Savoie, cet instrument de tous les sectaires, qui a dans son conseil, pour continuer Cavour, un homme dont la politique se révèle par le fragment suivant de sa correspondance avec Mazzini (1851) :

« LE SOCIALISME EN FRANCE , L'INDÉPENDANCE DE L'ITALIE , L'UNITÉ GERMANIQUE, c'est-à-dire, à divers degrés, le développement d'une même idée, le cri de guerre d'une même bataille... Ce n'est que par le chemin de la liberté qu'on peut arriver à la conquête de l'indépendance. ET LA LIBERTÉ EST UNE RELIGION , RELIGION QUI NE PEUT S'ACCORDER NI AVEC CELLE DES PRINCES, NI AVEC CELLE DES PAPES. LA MONARCHIE NE PEUT RIEN ACCEPTER DE LA RÉVOLUTION, ET NOUS, NOUS NE POUVONS RIEN ACCEPTER DE LA MONARCHIE. Il faut donc marcher en avant ou périr. Un empereur et un pontife s'opposent à notre marche. A BAS LA MONARCHIE ! A BAS LE PONTIFICAT ! L'HUMANITÉ EST A ELLE-MÊME SON PRINCE ET SON PAPE : TOUT HOMME PORTE EN SOI LE POUVOIR TEMPOREL ET LE POUVOIR SPIRI-TUEL (1). »

Le sectaire qui poussait ce cri de rage contre le Pape et les princes a donc trouvé une voie d'accommodement entre la monarchie et la Révolu-tion qu'il déclare irréconciliables : c'est un portefeuille de ministre dans le cabinet du roi galant homme. — Si la monarchie ne peut rien accepter de la Révolution, si la Révolution ne peut rien accepter de la monarchie, le Roi qui accepte ce Ministre, le Ministre qui accepte ce Roi, ne font-ils pas assaut de perfidie?... Cependant, dans cet étroit embrassement du Monarque, du Ministre et de la Révolution, la Justice et la Religion sont étouffées comme l'Honneur. L'Honneur, le Droit, peu de chose ! La Reli-gion, moins encore. Le carbonarisme tentateur a transporté sa dupe ambitieuse sur la cime d'où elle a convoité un sceptre étendu sur toute la Péninsule. Pour dominer, l'homme imbécile s'abaisse jusqu'à la trahison ; il dépouille les princes, ses alliés et ses frères, il se fait l'exé-cuteur des hautes œuvres de l'athéisme, et gardant la croix dans ses armes, promène la Papauté, sa mère, par toutes les stations de la voie douloureuse. Certes, une telle monarchie rivalise d'odieux avec la plus détestable des Républiques. Malgré l'horreur du 21 janvier, 93 lui-même est dépassé par ce souverain persécuteur du Christ, voleur de Rome et du denier de Saint-Pierre !... Que la foudre éclate donc enfin !... On a soif de voir la justice d'en haut.

(1) Scritti di Mazzini. Milan, 1862, t. III, p. 334.

IX.

Les événements actuels décrétés à l'avance par le Mazzinisme.

Le document que je viens de citer nous montre le programme des événements, tels qu'ils se sont accomplis depuis l'année 1859. On y voit tracés d'avance, sous l'expression d'*unité germanique,* l'exaltation de la Prusse protestante et l'anéantissement de la monarchie autrichienne : la *liberté* substituée à la religion, et l'homme devenu à lui-même *son prince et son pape,* c'est-à-dire son Dieu ; l'Italie indépendante, c'est-à-dire asservie à une bande d'abominables sectaires, dont toute la vaillance s'en tiendrait encore à hurler dans l'ombre, si le lion français, assailli de toutes parts aujourd'hui par des légions de chacals, le lion leur libérateur, qu'ils trahissent et insultent, ne se fût un jour aveuglément jeté sur leur ennemi, qui n'était pas son ennemi... Où en seraient maintenant ces matamores du poignard, si l'*indépendance* ne leur eût été conquise par l'épée égarée de la France, par son sang prodigué pour des traîtres qui le payent en retour d'une si savante ingratitude?... Mais je me trompe ! la France a reçu sa récompense. La voilà, conformément au programme, dévouée à l'apostolat *socialiste* de Garibaldi !

Cependant cette guerre, injuste de notre part jusqu'à la démence, cette guerre qui à l'heure présente nous coûte si cher, jamais la France ne l'eût faite (elle y a montré sa répugnance) si ses intérêts eussent été gardés par une Représentation sincère, si un véto légitime eût enchaîné la volonté contraire au sentiment public ; si la France, en un mot, n'eût pas abjuré son intelligence, son âme, sa vie entre les mains de l'étrange souverain qu'elle s'était donné.

Accouru au bruit de nos discordes, cet homme trouva sa popularité dans les oubliances trop faciles de l'opinion. L'expérience du passé devait-elle assurer au nom de Bonaparte la confiance de l'avenir ? Ce nom, combien d'honnêtes gens le prenaient encore pour le symbole de l'anarchie domptée et des temples rouverts! —Mais quoi! faut-il exiger des prétendants au pouvoir de si austères garanties ? Passons donc sur le Jacobinisme originel, — sur le crime de Vincennes, sur Savone et Fontainebleau ! — Et l'héritier de ce nom, quels titres offrait-il à la cause de l'ordre ? Le complot de Strasbourg, l'échauffourée de Boulogne, et des fragments d'écrits où les sophismes du jour étaient retournés tant bien que mal en arguments de bonapartisme. Cœur double et vendu, pour régner, à tous les plans du carbonarisme, il osait bien exalter le vieux système impérial comme le triomphe en perspective de la liberté, de la fraternité et de la paix universelle ! — Les idées napoléoniennes, l'empire restauré ! Jupiter sur son aigle !... le ciel entr'ouvert ! — Ah ! si les amis de l'ordre qui se prêtèrent alors à ce misérable avénement, eussent daigné prévoir, ou plutôt déterminer leur prévoyance sur leurs souvenirs, s'ils eussent pris la peine d'un quart d'heure de lecture, ils auraient compris quel avenir menaçait le pays qu'une pensée aussi fausse allait diriger sans contrôle, une volonté aussi corrompue, gouverner sans obstacle. La société française, avide de repos, et craignant, surtout dans les classes opulentes, une trop longue interruption de ses plaisirs, ne se sentit pas le courage de devoir à ses propres efforts la solution décisive d'une crise redoutable. Elle s'abandonna à ce chevalier trop dévoué qui venait tout faire pour elle, sans elle ! — Dupe de sa frivolité, elle fuit la Révolution des clubs et de la rue, et elle se livre à un révolutionnaire masqué ! Proud'hon lui fait peur, et c'est aux bras d'un agent de Mazzini qu'elle se jette.

———

Le Mans. — Typ. Ed. Monnoyer. — Août 1871.

LE TEMPS PRÉSENT

PENSÉES D'UN HOMME OBSCUR

(DEUXIÈME ARTICLE.)

X.

Le régime déchu.

Ma plume rencontre ici la note suivante que j'écrivais, il y a dix ans, au moment où le second empire était arrivé à son apogée.

« Dans l'état actuel du pays, l'établissement du césarisme a ce double caractère d'être le remède apparent et l'aggravation réelle de cette mortelle maladie qui consume la France, et qui s'appelle la Révolution. Le césarisme n'a sa raison d'être que dans ce besoin et cet appétit contradictoires qui se partagent la domination sur les âmes : besoin de l'ordre matériel, appétit du désordre moral. Au premier de ces besoins il répond par la compression violente de tout ce qui fait, à tort ou à raison, obstacle au pouvoir. Il donne des garanties à l'esprit de désordre, en propageant par les ressources immenses dont il dispose, les doctrines destructives de la religion et de la morale. Admirons ici le niveau d'intelligence politique qui se fait entre le peuple et le pouvoir. L'un s'imagine qu'il est possible de concilier le repos des intérêts avec le déréglement des idées. L'autre se flatte qu'en donnant satisfaction à tous les mauvais instincts, en laissant liberté de parole et même d'action à tous les insulteurs de l'ordre moral et de l'ordre spirituel, en courant d'avance, pour n'être pas entraîné, sur cette pente rapide qui conduit aux crimes et aux catas-

2

trophes, il défiera de vitesse les derniers emportements du *progressisme.* Quelle grossière méprise d'une part ! et de l'autre quelle méconnaissance inouïe de l'auguste nature du pouvoir, qui, par là même qu'il est *pouvoir,* ne saurait être *parti ;* qui se dégrade et anticipe sa déchéance, dès là qu'il s'appuie sur la perfidie révolutionnaire. Ah ! sans doute la Révolution est plus qu'un parti. Elle est l'infernal fléau ; l'explosion même du Mal... Ose-t-on bien s'associer à ce fléau ? Ose-t-on confondre ses intérêts avec ceux du mal ?

« Le césarisme est haïssable, et le danger suprême de la Société. Par l'administration toute-puissante qu'il a sous la main, par la presse qu'il opprime, supprime ou achète, par l'armée nécessairement souple à sa volonté, — volonté d'autant plus redoutable qu'elle se donne cyniquement pour la volonté générale ; — par l'enseignement propagateur de l'impiété, il discipline tous les éléments de l'erreur, il y fait toute l'unité possible, il met traîtreusement au service de la Révolution les forces légitimes qui lui furent confiées pour la protection de l'ordre ! Régime infiniment pire que la démagogie elle-même. Qu'est-ce que cette bacchante débraillée et folle au prix de cet ANARCHISME doctrinaire et calme, qui ment, qui rampe, qui pénètre, qui déprave et dissout ? »

Justice est faite du second empire, tardive, mais éclatante.

Ce sceptre d'aventure, ce sceptre italien est brisé pour jamais ; les morceaux n'en seront pas ramassés là où ils gisent. Les peuples affamés de ce qui nous manque le plus, l'ordre et l'autorité, auront enfin reconnu la méprise de les associer au nom néfaste de Bonaparte !

Que si quelqu'un était encore tenté d'absoudre le dernier César de ce que nous avons vu, et de ce que nous voyons, un exposé succinct des pages qu'il a publiées montrera aux plus aveugles que tant d'accomplissements funestes ont leur racine logique dans la maligne nature de ses idées, et pour ainsi dire, expriment les décrets de sa sinistre volonté.

XI.

Retour des cendres de Napoléon.

On connaît les fières paroles qu'inspire au poète Lucain le tombeau d'Alexandre :

« C'est ici, dit-il (1), que l'extravagant héritier du tyran de Pella repose ; heureux brigand ! emporté par un trépas vengeur de la terre. Dans cette enceinte sacrée ont été recueillis ses restes qu'il eût fallu disperser par le monde. La fortune a épargné ses mânes, et son.fatal règne dure au delà de sa vie. Ah ! si la liberté fût jamais rentrée en possession de l'univers, il était là, réservé à l'outrage... Fatal exemple donné au monde dans sa personne ! exemple qui montre possible l'asservissement de tant d'hommes à un seul. »

Le tombeau de Sainte-Hélène semblait représenter le genre d'expiation auquel Lucain dévoue les mânes d'Alexandre. Les restes de Bonaparte n'étaient pas « dispersés par le monde, » mais ils reposaient, au milieu de l'Océan, sur l'écueil où l'homme fatal s'était brisé. Il y avait là un merveilleux enseignement. Ce roc funéraire signalait au loin le néant de la force et de l'orgueil. Une simple pierre jetée sur l'homme était la vraie clôture d'une destinée tirée de ses ténèbres par la faveur de Robespierre et de Barras, et que la tempête souleva jusqu'au trône violé et vide.

La royauté de 1830 crut de son intérêt d'attenter à l'originalité grandiose d'une telle sépulture et de rappeler de leur juste exil ces cendres qu'il était dangereux de remuer. On pensa qu'une évocation solennelle des fantômes et des larves du vieil empire porterait bonheur à la branche cadette de la maison de Bourbon, et que dans cette dernière gloire de l'apothéose, s'éteindrait une popularité dont on espérait l'héritage. On se crut habile, et la mission du prince de Joinville, désigné pour ramener en France les débris du meurtrier du duc d'Enghien (2), ne fut pas un

---

(1) Illic Pellaei proles vesana tyranni,
    Felix prædo, jacet: terrarum vindice fato
    Raptus. Sacratis totum spargenda per orbem
    Membra viri posuêre adytis. Fortuna pepercit
    Manibus, et regni duravit ad ultima fatum.
    Nam sibi libertas umquam si redderet orbem ;
    Ludibrio servatus erat, non utile mundo
    Editus exemplum terras tot posse sub uno.
    Esse viro...

                    (*Pharsal.*, lib. X.)

On lit dans la traduction de Brebeuf:
    Mais si la liberté renait dans les esprits,
    Ce Dieu des nations deviendra leur mespris...
    Il fut à l'Univers un exemple funeste...
    Il fit un droit certain de l'insulte et du crime.

(2) Ce prince était, si je ne me trompe, cousin germain du roi Louis-Philippe.

des moindres abaissements de la monarchie de Juillet et de la royale famille d'Orléans. On devait bientôt recueillir le fruit de cette politique aux yeux de qui la Morale et l'Honneur *sont de vaines idées* (1).

XII.

L'Idée Napoléonienne.

A peine s'était écoulé le jour qui avait vu la translation des reliques impériales, à peine l'*oncle* reposait-il aux bords de la Seine, *au milieu de ce peuple français qu'il avait tant aimé* (2), que déjà le *neveu* reconnaissant s'écriait de Londres : *Ce ne sont pas seulement les cendres, mais les idées de l'empereur qu'il faut ramener !* en d'autres termes, son neveu qu'il faut élever à l'empire. Ces paroles servent d'épigraphe à l'écrit intitulé : *l'Idée Napoléonienne*, écrit daté de 1840, et destiné à convaincre les bonnes âmes de la hauteur, de la largeur et de la profondeur de ce système Napoléonien, qui, après un nouvel essai, achève de répandre sur nous le torrent de ses bienfaits ! Venons au document (3).

Cette pièce débute par des calomnies triviales contre la Restauration, et la royauté sortie des barricades ne trouve pas plus de faveur auprès du publiciste Prétendant.

« Un jour, dit-il, nous espérâmes que la révolution de 1830 fixerait à jamais les destinées de la France. Vain espoir !... Il n'existe aujourd'hui que des *théories confuses*, que des *intérêts mesquins*, que des *passions sordides ! corruption d'un côté, mensonge de l'autre,* haine partout ! » (ô miroir vraiment prophétique du second Empire !) « Voilà notre état. »

Il est grave ; mais le salut, mais le sauveur est à notre porte ; le salut, c'est l'Idée Napoléonienne ; le sauveur, c'est Bonaparte *incarné* dans son neveu. Le Monde, la France en particulier, n'a plus d'avenir que dans le bonapartisme.

---

(1) ... Quand par le fer les choses sont vidées,
La Justice et le Droit sont de vaines idées.
(CORNEILLE, *Pompée*, A. I. S. I.)

(2) Testament de Ste-Hélène. — Cela est difficile à croire, quoique parole d'outretombe. — L'*Homme* après sa mort cherche encore à tromper.

(3) OEuvres de Louis-Napoléon ; Paris, 1848, 3 vol. in-8". *Passim.*
OEuvres de Napoléon III ; Paris, 1853, 3 vol. gr. in-8°. *Id.*

Ici, le style sournois et terne de l'écrivain se hausse sur les échasses d'un mysticisme déclamatoire.

« Or, s'écrie-t-il, à nous qui cherchions, et qui errions aussi, un chemin, un guide nous est apparu. Ce guide, c'est l'homme extraordinaire qui, *second Josué, arrêta la lumière et fit reculer les ténèbres*. Ce chemin, c'est le sillon qu'il creusa d'un bout du monde à l'autre, et qui doit apporter la fertilité et l'abondance (1). Il faut nous faire les apôtres de l'homme qui fut encore plus grand comme *législateur,* qu'il ne fut redoutable comme capitaine (2).

« Pendant des siècles, *les peuples des rives du Jourdain* (3) ont suivi les lois de Moïse ; les institutions de Mahomet ont fondé cet empire d'Orient qui résiste encore à notre civilisation. Malgré le meurtre de César, sa politique et son *impulsion* ont encore pendant six cents ans *maintenu* l'unité romaine. Pendant huit siècles, le système... établi par Charlemagne a gouverné l'Europe... Et nous qui avons eu dans nos rangs et à notre tête un Moïse, un Mahomet, un César, un Charlemagne, irions-nous chercher, autre part que dans *ses préceptes, un exemple* et une synthèse politique? »

Il y a ici une association de noms historiques qui accuse dans l'écrivain une complète indifférence pour la valeur des doctrines que ces noms représentent. Moïse sous-entend un plus grand, auquel on prétend à l'avenir substituer Napoléon, « le héros plébéien (4). » Le bonapartisme aspire à se transformer en Religion. L'antique Bonaparte sera divinisé désormais comme le Messie des temps modernes (5). Apothéose infiniment ridicule, mais la tentative n'en est pas moins sérieuse ; qu'on en juge par ce qui suit :

« Les grands hommes ont cela de commun *avec la divinité* qu'ils ne meurent jamais tout entiers. » (Ne dirait-on pas que la divinité, dans la

---

(1) *Second Josué* est bien imaginé! *qui doit apporter* est assez naïf. Il est impossible, en effet, de représenter les bienfaits du régime impérial autrement qu'au *futur* ou au *conditionnel*.

(2) C'est une plaisanterie de nous donner cet homme pour un *législateur,* dans l'immense acception de ce mot. Compare-t-on Justinien à Moïse?

(3) On se demande à quoi bon cette périphrase.

(4) *Héros plébéien* est fort! on est plébéien avant ou après le *trône* et la *majesté*. Héros plébéien avec *de grands chambellans, de grands veneurs et de grands écuyers !*

(5) Son neveu l'appelle le Messie des *Idées nouvelles*.

pensée de l'écrivain, a pour singulier attribut de ne jamais mourir tout entière?)

« L'esprit des grands hommes leur survit, et l'Idée Napoléonienne a jailli du tombeau de Sainte-Hélène de même que la morale de l'Evangile s'est élevée triomphante *malgré* le supplice du Calvaire...

« La foi politique, comme la foi religieuse, a ses *martyrs*..., elle aura comme elle ses *apôtres;* comme elle, son *empire.*

« De toute convulsion politique *jaillit* une idée morale progressive, *civilisatrice...* » — Il en *jaillit* tout aussi bien une idée immorale, rétrograde, perturbatrice. L'allégation de l'écrivain n'est que du *fatalisme progressiste.* — Il ajoute :

« L'Idée Napoléonienne est sortie de la Révolution française, comme Minerve de la tête de Jupiter, le *casque en tête* et *toute couverte de fer.* Elle a *combattu* pour exister, elle a *triomphé* pour persuader (étrange gradation! le *combat* avant l'existence, le *triomphe* avant la persuasion !), elle a succombé pour renaître de ses cendres, *imitant en cela* un exemple divin! »

Quel pathos absurde et *roué!* Ici l'Idée Napoléonienne sort de la *tête* du Jupin révolutionnaire, *casque en tête;* deux lignes plus haut, elle sortait de la *tombe* de Sainte-Hélène, et le *catholique indépendant* démasquait assez gauchement le Socinien qu'il est, par l'assimilation impie du bonapartisme exhumé à la résurrection glorieuse de l'Homme-Dieu : « Ce triomphe, disait-il, de la *morale de l'Evangile malgré le supplice du Calvaire.* » L'écrivain, fort léger de foi et de science chrétienne, ne se doute pas que c'est du Calvaire, du fond de l'ignominie même et de l'horreur du supplice, que la gloire et le triomphe sont divinement sortis.

Que veut-il dire avec son idée morale progressive? En quoi le bonapartisme est-il moral? En quoi est-il un progrès? Si *progrès* signifie quelque chose.

Il plaisante avec ses *martyrs.*.. — qui ne le sont que de leurs propres excès! — avec ses *apôtres...* — qui tuent! — avec son *empire...* — qui abrutit et écrase!

Il nous dit qu' « au milieu de deux partis acharnés dont l'un ne voit que le passé, et l'autre que l'avenir, » l'Idée Bonapartiste « prend les anciennes formes et les nouveaux principes. » Mais ne voit-il pas qu'il marie ainsi la vie avec la mort et inflige le supplice de Mezence à l'Idée si vive?

Il nous dit que voulant *fonder solidement*, l'Idée Bonapartiste appuie son système sur des principes d'éternelle justice, et brise sous ses pieds les *théories réactionnaires*. Et il ne nous dit pas quelles sont ces théories? Pourquoi procéder contre elles par le piétinement, plutôt que par le raisonnement? En quoi contredisent-elles aux principes de la Justice éternelle? *Fonder solidement, principes de la justice,* voilà de grands mots, mais creux, mais vides. On ne fonde pas solidement, par l'intérêt seul qu'on y a, et l'on n'a pas la justice pour soi, par cela seulement qu'on déclare l'avoir.

Il dit que l'Idée « remplace le système héréditaire des vieilles aristocraties par un système hiérarchique, qui tout en assurant l'égalité récompense le mérite et garantit l'ordre. » Mais un *système hiérarchique* n'est pas précisément une sanction de l'égalité, et non plus que tout autre système de ce genre, il ne garantit l'ordre. Car, pour que l'ordre existe, il faut que le respect existe, et la conscience seule est la mère du respect. Or, un système hiérarchique ne fait point la conscience.

Il dit que l'Idée « trouve un élément de force dans la démocratie, *parce qu'elle est la discipline:* » ce *parce que* ne s'entend pas. Il est faux que la démocratie accepte le bonapartisme à titre de discipline. Elle ne le subit que comme nécessité et ne le tolère jamais que comme instrument de propagande révolutionnaire.

Il dit que l'Idée « trouve un élément de force dans la liberté, parce qu'elle en *prépare* sagement *le règne, en établissant des bases larges avant de bâtir l'édifice.* » Autant vaudrait dire qu'on se sent merveilleusement installé dans une maison dont on esquisse le dessin sur le papier. C'est une moquerie que cette préparation *sage* et cette lente méditation du plan de l'édifice au nez de la liberté qui s'impatiente de coucher à la belle étoile!

Il dit que l'Idée « commande par la Raison et conduit, parce qu'elle marche la première. » Mais la Raison est ici, comme plus haut la justice, une appropriation imaginaire. Pas la moindre apparence à cette prétention! Il est ordinaire à qui conduit, de marcher le premier. Mais qu'est-ce à dire? — On peut marcher le premier vers l'abime.

L'Idée « tend à réconcilier les citoyens entre eux et les nations entre elles. » Nous en fournissons aujourd'hui la preuve et l'exemple.

L'Idée « donne à chacun l'emploi qui lui est dû, la place qu'il mérite, selon sa capacité et ses œuvres. » L'Idée, en se parant ici de Saint-Simonisme, ne s'attribue rien moins que l'infaillibilité absolue. N'oublions pas que l'Idée s'érige en religion.

On nous dit que « l'Idée emploie tous les bras et toutes les intelligences, » qu' « elle va dans les chaumières, non pas en tenant à la main de stériles déclarations des droits de l'homme, » qu' « elle a un récit de gloire pour éveiller chez le pauvre l'amour de la patrie. » « L'*Idée Napoléonienne est comme l'idée Évangélique, elle fuit le luxe* et n'a besoin de pompe ni d'éclat pour pénétrer et se faire recevoir. Ce n'est qu'à la dernière extrémité qu'elle invoque le Dieu des armées ; *humble sans bassesse*, elle frappe à toutes les portes...»

« On nous dit encore qu'elle repousse cette polémique du jour qui ressemble aux discussions religieuses du moyen âge, où l'on se battait *pour les questions métaphysiques de la transsubstantiation du sang de Notre-Seigneur, au lieu de s'étendre sur les grands principes évangéliques*... Elle ne joue pas un *jeu d'enfant*, mais géante elle-même ; lorsqu'elle se bat, c'est une guerre de Titans ; *ses armes sont des peuples entiers, et ses triomphes ou ses revers sont pour le monde le signal de l'esclavage ou de la liberté...* »

Je ne sache pas qu'on se soit battu *au moyen âge* pour la *question métaphysique* de la transsubstantiation *du sang* de Notre-Seigneur. J'ignore cette controverse élevée en particulier sur la transsubstantiation du sang. Je ne sache pas davantage ce que signifie ce reproche fait à l'Eglise en style protestant, de ne s'être pas *étendue sur les grands principes évangéliques.* Quand donc l'Église a-t-elle tenu l'Evangile sous le boisseau ? — Je ne vois dans ce récit de gloire (quelque chanson de Béranger) donné en aumône au pauvre, qu'un mauvais aliment substitué au pain de vie ; l'orgueil populaire surexcité au nom d'une idole païenne, qui n'est pas plus la patrie qu'elle n'est la gloire, mais seulement le fétiche Napoléonien, fétiche sanglant et brut, qui n'entre dans les chaumières que pour détourner les pauvres âmes des voies de la douce humilité.

On voudrait savoir quelle page de l'histoire contemporaine pourrait justifier l'étrange affirmation que les triomphes de l'Idée Bonapartiste sont pour le monde le signal de la liberté, et ses revers celui de l'esclavage. Le mensonge est cynique ; mais on peut accorder à l'Idée que, « lorsqu'elle se bat, » elle ne joue pas « un jeu d'enfant, » à prendre ce dernier mot comme simple expression de la faiblesse physique. Il n'est que trop vrai, « ses armes » sont des générations entières. Le souffle révolutionnaire qui la pousse, met les nations aux prises. Qu'elle vienne encore s'offrir à nous comme l'Ange de la paix et l'unique médiatrice de la sainte alliance des peuples ! Imprudente hâbleuse ! quand, de sa voix rauque, elle bégaye sourdement ces mots d'union, de bonheur, de fraternité, il me semble voir le squelette de la mort cherchant à grimacer la vie et le sourire, mettant du vermillon sur les os de sa face, et dissimulant sa hideuse faux !

XIII.

L'Empire ou Principat révolutionnaire.

L'*Idée Napoléonienne* avait été précédée des *Idées Napoléoniennes* (1), programme de politique intérieure et extérieure, inspiré par le génie fatidique de Sainte-Hélène. Feuilletons ces pages, en passant au plus vite sur les *considérations générales* qui ne soutiennent pas l'examen.

On y lit au début que « l'amélioration des Sociétés modernes *marche* sans cesse et ne connaît d'autres limites que celles du monde. » On y impute à Pascal cette phrase dont Pascal s'étonne avec dédain : « Le genre humain est un homme qui ne meurt jamais et qui se perfectionne toujours (2). » — On lit que les gouvernements ont été établis pour aider la Société et vaincre les obstacles qui entravent sa marche. Les gouvernements sont les agents du progrès ; mais « le progrès, qui ne disparaît jamais, *se déplace ; il va des gouvernants aux gouvernés*, et la tendance des *révolutions* est de le ramener *toujours* parmi les gouvernants ; » proposition parfaitement arbitraire et qui n'a qu'un sens,

(1) Carlton-Terrace. Juillet 1839.

(2) Pascal ne parle que de l'avancement des sciences ; voici le passage exactement rétabli : « De là vient que par une prérogative particulière, non-seulement chacun des hommes s'avance de jour en jour dans les sciences, mais que tous les hommes ensemble y font un continuel progrès à mesure que l'univers vieillit, parce que la même chose arrive dans la succession des hommes que dans les âges différents d'un particulier, de sorte que toute la suite des hommes, pendant le cours de tant de siècles, doit être considérée comme un même homme qui subsiste toujours et qui apprend continuellement. » (Préf. *sur le traité du Vuide.*)

celui-ci : quand la Révolution renverse la Monarchie, elle est dans son droit, parce que la Révolution alors est le progrès ; quand elle dresse le trône napoléonien, il est clair que le progrès est ramené vers le pouvoir. Et la preuve ? aucune, sinon que ce pouvoir s'appelle Napoléon. Raison péremptoire !

Admirons en courant les oracles qui suivent : « Depuis que le monde existe, le *progrès a toujours eu lieu.* » Chacun des grands hommes marque un « degré supérieur qui nous rapproche du *but.* » Que sait-on de ce *but* toujours = X ? « On va d'Alexandre à César, de César à Constantin, de Constantin à Charlemagne, de Charlemagne à Napoléon. » Les termes de cette progression sont loin de l'établir. Il est à tout le moins contestable que César l'emporte sur Alexandre, et il est évident qu'auprès de Charlemagne, Bonaparte n'est qu'un pygmée. Quand une gloire paradoxale aura cessé de protéger ce nom, il faudra bien reconnaître qu'entre les hommes fameux, Bonaparte a été l'un des plus vides, des plus stériles ! Le sentiment de sa mission lui a manqué. Il s'est égaré dans tout le néant d'une âme orgueilleusement vulgaire et dénuée de sens divin. Or point de grand homme sans quelque haut instinct de Dieu. En outrant toutes les proportions de cet insolent dominateur, ses courtisans n'ont consulté que les intérêts de leur bassesse. Ils ont cru se réhabiliter par l'exaltation de l'idole, craignant sans doute de paraître eux-mêmes moins que des hommes, si cet homme ne paraissait plus qu'un homme.

Bâtissant la doctrine de progrès sur des arguments de cette force, le publiciste de Carlton-Terrace ne trouve dans la voie de l'avenir que deux nations, l'une aux confins du nouveau monde, l'autre à l'extrémité de l'ancien, l'Amérique et la Russie ; celle-ci *progresse* par la volonté d'un seul, celle-là par la liberté, — tandis que la France, « la France d'Henri IV, de Louis XIV, de Carnot !... (il dit la France de Carnot !... Il glorifie ce nom couvert de sang !), s'agite misérablement « dans un étang bourbeux : » à savoir le régime parlementaire, d'où il se propose de la tirer par ses écrits, appuyés au besoin de quelque coup de main.

Ce lourd, long et sophistique exposé des doctrines du premier empire, qui sont aussi le *prospectus* du règne futur, nous montre sous cette double division : *question intérieure — question étrangère —* les pensées du Prétendant sur la Liberté, sur l'Enseignement, sur la Religion, sur l'État et le Clergé, sur les relations des peuples entre eux. Ici vont se poser les prémisses du malheureux syllogisme dans lequel nous sommes engagés.

QUESTION INTÉRIEURE. — « L'Empereur, suivant son neveu, fut le Messie des idées nouvelles, » qui sont d'emblée les idées vraies. — Les idées anciennes, passées sans retour, sont les idées nuisibles.—Cela, comme on sait, n'exige point de démonstration !

L'Empereur avait un but ; quel était-il ? « La liberté. » On s'étonne, le neveu réitère son affirmation. « Oui, la liberté! » dit-il: l'audace est grande, il le sent et ajoute : « Son nom n'était pas, il est vrai, en tête de toutes les lois, mais chaque loi de l'empire en préparait le règne paisible et sûr. » Or la liberté devait être ajournée :

« Parce que le pays était livré à des partis acharnés les uns contre les autres, et qu'il fallait que ces partis disparussent avant que la liberté fût possible.

« Parce que, dans la France démocratisée, le principe d'égalité n'était pas appliqué généralement, et qu'il fallait l'introduire dans toutes les lois.

« Parce que l'esprit public, la religion, la foi politique étaient anéantis, et qu'il fallait *recréer* au moins l'une de ces trois choses.

« Parce que les anciennes mœurs ayant été détruites par une révolution sociale, il fallait en *recréer* de nouvelles, d'accord avec les nouveaux *principes*.

« Parce qu'il fallait recréer le prestige du pouvoir et rétablir l'ordre avant de songer à la liberté.

« Chaque parti réclamant la liberté et l'égalité » pour lui, et pour lui seul, « les uns ne voulaient pas accorder les droits de citoyen aux parents des nobles et des émigrés, les autres disaient : Nous ne voulons pas accorder d'emploi aux conventionnels. »

Tous ne s'accordant qu'à se refuser mutuellement la liberté, il était donc juste que Bonaparte la confisquât à son profit, et les tînt tous en bride.

Mais on ne refait pas l'esprit public, la foi politique, les mœurs, la religion, à coups d'arrêtés de police et d'avis du Conseil d'État. Surtout on ne refait pas la Religion, c'est à la Religion qu'il appartient de tout refaire. Elle seule peut ressusciter l'esprit public, la foi politique, parce qu'elle seule enseigne la morale qui relève les mœurs, et la restauration des mœurs ramène la liberté vraie et l'ordre avec la liberté. Mais quel traitement efficace pouvait apporter aux maux de la société, cet homme dont la politique vis-à-vis de l'Église est ainsi retracée par son admirateur et son disciple : « Les divisions existaient, non-seulement dans les *partis* politiques, mais aussi dans les *autres corps* de la nation. Le clergé était partagé entre les anciens et les nouveaux évêques, la grande et la petite Église, les prêtres assermentés, partisans de la Révolution, et les prêtres réfractaires. *Ces derniers étaient les enfants chéris du Pape.* Profitant de l'influence que leur donnait la *protection du chef de la Religion, ils égaraient les esprits par les écrits* qu'ils répandaient de l'étranger dans les campagnes... *L'Empereur, par son concordat, enleva le chef à ce troupeau égaré et ramena le clergé à des idées de concordat et de soumission.* »

On peut apprécier ici la nature des sentiments religieux de l'Oncle et du Neveu. Aux yeux de ces habiles, la véritable Eglise est la petite, celle qui brave la puissance spirituelle, rompt avec le *Chef étranger*, et se dévoue au triomphe de l'antichristianisme. Le véritable clergé est ce ramas de jureurs, d'apostats et de défroqués, dont l'auteur grossit impudemment le nombre. Mais la plus louche et la plus perfide des lignes citées ci-dessus est que *le concordat enlève le chef au troupeau égaré*, et que, par conséquent, on nous représente le Saint-Siége acquis par ce grand acte au parti du schisme et de l'infidélité !

César est le suprême modérateur de la Religion comme de tout le reste. Il met le Saint-Siége à la raison et refuse « de souscrire à aucune des concessions demandées *sur les libertés de l'Église gallicane.* »

Il réforme dans la loi de Moïse « les dispositions susceptibles de modification, et les Juifs deviennent citoyens. »

Il opère « une fusion générale sans renoncer aux principes de la Révolution. »

Il rappelle les émigrés, « mais sans toucher à l'irrévocabilité de la vente des biens nationaux. »

Il rétablit les titres nobiliaires, « mais sans y attacher de priviléges ; ces titres vont chercher tous les services, toutes les professions : » même les services du Comité de salut public, même la profession de terroriste-régicide !

Il rétablit la religion catholique, « mais il proclame *la liberté des con-*

sciences. » Non pas ! mais *la liberté de conscience*, ce qui est tout différent.

Le Neveu de César applaudit à cette politique double, qui vient de traiter avec la puissance spirituelle, et par l'une des plus viles fourberies où la force puisse descendre, viole le traité au moyen *d'articles* subreptices et honteux. Il applaudit à ce lâche machiavélisme qui ne fait aucune acception des persécuteurs et des proscrits, des spoliateurs et des spoliés; qui rappelle les propriétaires, et maintient le vol de la propriété ; qui rouvre les temples catholiques, et consacre en même temps l'égalité des cultes devant la loi, ou l'indifférence des religions, l'athéisme social, le mépris de la conscience humaine ! Et voilà, suivant le neveu de César, les maximes d'État qui devaient ramener les mœurs et l'ordre comme préliminaires de la liberté.

Mais qu'on ne s'y trompe point; c'est là le moindre souci des souverains de cette lignée. Le régime personnel, le despotisme impérial peut fleurir avec d'autant plus de sécurité que, greffé sur le trône révolutionnaire, il se porte pour le représentant unique de la démocratie. Et celle-ci a-t-elle droit de se plaindre des ajournements de la liberté, dès là qu'elle peut dire : Je vis dans Bonaparte et Bonaparte a sa vie en moi !

COMMUNES : MENDICITÉ. — Sous prétexte qu'on ne peut accorder toutes les libertés, le régime impérial n'en souffre aucune, et les confisque toutes.

« L'amélioration des classes pauvres fut, s'il faut s'en rapporter au disciple, l'une des premières préoccupations de l'Empereur. Il attachait à la destruction de la mendicité une grande idée de gloire, » et il établit les dépôts. — Pour soulager le pauvre et le rendre meilleur, il l'enferme. Dans sa tendresse pour la misère, le second empire met la main sur la société de Saint-Vincent-de-Paul.

Le publiciste Prétendant ajoute ici : « L'institution des sœurs de charité fut rétablie avec ses anciens avantages, *sans les abus* qui en avaient altéré la destination. » Quels sont ces abus ? On se tait, fidèle à cette généreuse méthode d'exprimer toujours un blâme, sans jamais arguer d'un fait qui l'autorise.

L'Oncle ordonna « que les églises fussent ouvertes gratuitement au public ; » le Neveu nous apprend ainsi qu'il fallait payer autrefois l'entrée à l'Église; c'est ce que j'avais toujours ignoré !

« L'Empereur disait qu'il fallait bien se garder de détruire l'esprit municipal... Mais [écoutez ceci !] *pour régénérer la commune, il fallait la priver momentanément d'une partie de ses droits jusqu'à ce que son éducation fût faite...* La prospérité des communes fut l'objet de toute la sollicitude de l'Empereur. En 1813, on vendit les terres, maisons et usines qui lui appartenaient... Elles recevaient en inscriptions à 5 %₀ une rente proportionnelle au revenu de leurs biens *cédés.* » Ainsi c'est pour leur avantage que les communes perdent leurs propriétés, c'est dans leur intérêt qu'elles demeurent à la merci de l'État qui a leurs revenus entre ses mains, c'est pour *leur éducation* qu'elles sont dépouillées de leurs droits, et en vue de leurs progrès ! Admirable système qui dévalise les gens pour les rendre marcheurs agiles (1).

ENSEIGNEMENT. —On nous apprend que le premier empereur était grand partisan de la propagation des lumières et de l'instruction, et l'on ajoute : « La Convention nationale avait déjà beaucoup fait en renversant l'édifice *gothique* de l'enseignement. » Le sens de l'épithète *gothique* m'échappe, et l'influence heureuse de la Convention sur le développement de l'intelligence publique est chose toute nouvelle. Deux témoins non suspects se lèvent contre cette fausseté, deux conventionnels, La Kanal et Grégoire, dont le double rapport ne laisse aucun doute possible sur l'obscurantisme et le vandalisme révolutionnaire. « Edifice gothique » est bientôt dit, et « renverser » bientôt fait, mais pour relever les ruines intellectuelles, que fit le puissant réparateur? « L'enseignement public dans tout l'Empire, nous dit le Neveu de l'Empereur, fut *confié exclusivement à l'Université;* » et pourquoi? « Afin que la génération qui surgit, fût élevée dans les principes qui ont fait triompher la Révolution. » Ainsi la mission de l'Université est de perpétuer la tradition révolutionnaire, et le monopole lui est assuré pour accomplir cette tâche sans contradiction. Que si « l'on reproche à ce système d'entraver la liberté, » c'est que, « comme il a été dit plus haut, *le temps de la liberté* n'était pas venu. » La réponse est simple et expéditive. Or, quels furent les sentiments du second Empire sur cette grande liberté, qui n'a jamais été octroyée qu'à demi et que l'État aspire toujours à reprendre ? Écoutons ces paroles de Napoléon-Jérôme au Sénat: « L'Empire à l'intérieur, c'est un ensemble

---

(1) Le second Empire fit une tentative sur les biens des hospices.

de *libertés sages* (aucune n'était debout, quand l'orateur parlait ainsi !...)
et sérieuses, parmi lesquelles la liberté de la presse... C'est une *instruction populaire* sans limites (charlatan !), *sans les congrégations religieuses*
(persécuteur !) et sans toutes ces institutions qui voudraient imposer le
retour du bigotisme du moyen âge (1). » Ces parvenus à la puissance,
outre les libertés sérieuses dont ils s'emparent, disputent encore aux
hommes de bassesse et de néant la liberté de l'assertion sans preuve, la
liberté de l'insulte, la liberté de la calomnie ! Ah ! quand on est assuré de
mentir impunément, ne devrait-on pas rougir du mensonge ?

CLERGÉ. RELIGION. — Le publiciste impérial qui ajourne partout la
liberté, comme une question prématurée, poursuit cependant d'une singulière
ardeur la revendication des libertés *gallicanes*. Il veut en général que tout
relève immédiatement du pouvoir, et il veut en même temps soustraire le
clergé de France au pouvoir dont le clergé dépend. Il est vrai qu'il s'agit
d'un *pouvoir étranger*, c'est ainsi que ce *catholique*, ce *Français !* appelle
la souveraineté pontificale.

« Pour faire disparaître, dit-il, les ferments de discorde qui vont aujour-
d'hui en augmentant entre le pouvoir spirituel et le pouvoir temporel,
il faut deux choses : *que l'Université* cesse d'être athée (précieux aveu) et
que le clergé cesse d'être ultramontain ; » en d'autres termes que l'Université, instituée pour propager la Révolution et l'athéisme révolutionnaire, abjure sa raison d'être, et que l'Église de France devenue nationale,
particulière, répudie le vicaire du Christ pour se grouper, heureux troupeau, sous la houlette d'un Bonaparte !

« Le clergé, poursuit-il, cessera d'être ultramontain *dès qu'on le forcera
à s'élever, comme jadis, dans les sciences* et à se confondre avec le peuple
en puisant sa propre éducation aux mêmes sources que la généralité des
citoyens. »

Que cela est louche, et couve de violences ! Le clergé cessera d'être
ultramontain, c'est-à-dire cessera d'être catholique. Mais comment *le
forcera-t-on à s'élever ?*... Et que signifie *s'élever ?* que signifie *comme
jadis ?* Est-ce que *jadis* il n'y avait pas de séminaire ? *S'élever dans les
sciences ?* Est-ce que le clergé actuel est étranger aux sciences ? Que
veut dire se *confondre avec le peuple ?* Veut-on qu'il n'ait que l'instruc-

____

(1) Séance du 22 février 1862.

tion commune au vulgaire des citoyens? Car je ne pense pas qu'il s'agisse d'initier le peuple à la science sacrée. Voudrait-on que l'instruction populaire s'étendît à la Patristique, à la Liturgie, au Droit canonique?

Ici un grand éloge du clergé catholique de l'Allemagne méridionale : la raison pourquoi, suivant le puissant écrivain, ce clergé est le plus *instruit*, le plus *tolérant*, le plus libéral, « c'est parce que les jeunes gens qui se destinent en Allemagne au sacerdoce, apprennent la théologie aux universités, en commun avec tous les candidats aux autres *professions*. »

Puis, « au lieu d'être dès l'enfance séquestrés du monde et de puiser dans les séminaires un *esprit hostile à la Société* (calomnie pure !) au milieu de laquelle ils doivent vivre, ils apprennent de bonne heure à être citoyens avant d'être prêtres. »

Ainsi le clergé deviendra d'autant plus parfait qu'il aura reçu une éducation moins ecclésiastique. Eh quoi! un jurisconsulte, un médecin devrait-il être considéré comme d'autant plus digne de confiance qu'il aura été tenu plus à l'écart des écoles de médecine et de droit? Mais cette absurdité n'est que le voile transparent d'une mauvaise pensée : l'espérance que le laïcisme de l'éducation et par suite l'effacement progressif du caractère sacerdotal amèneront l'abolition même du sacerdoce et la sécularisation définitive de la Société.

« Être prêtre, poursuit le théologien de l'Idée, c'est enseigner la morale, la charité; » jamais le dogme, bien entendu ! «C'est prédire le règne de l'égalité, » — c'est-à-dire prêcher le *contrat social*. « C'est apprendre aux hommes que la *rédemption politique* doit suivre la *rédemption religieuse :* » en d'autres termes, c'est se faire LES APÔTRES DU MESSIE NAPOLÉONIEN !

« Que l'éducation du clergé se fasse donc en France comme en Allemagne, » à savoir, dans la pensée de l'auteur, qu'elle se dérobe de plus en plus à l'influence de Rome, tout est là ! — « et les *mêmes principes évangéliques* produiront les *mêmes heureux résultats...* De l'union des prêtres et des laïques *réagira* une double *action* également favorable à la Société. Les prêtres deviendront *citoyens*, » — à la manière de Sieyès et de Gobel ! — « et les citoyens deviendront *plus religieux*, » — selon quelle religion? — Quoique l'auteur ne semble savoir guère ce qu'il dit, toutefois il sait ce qu'il veut. Il parle, comme s'il ignorait que la Société a un autre but que celui de la terre et du temps; mais que lui importe, à lui, qui ne songe qu'à exploiter le temps pour s'emparer de la terre ?

Entre toutes les libertés, la liberté religieuse, qui n'est que la liberté de la vraie religion, est celle que le Principat révolutionnaire redoute le plus ; c'est la seule qui arrache les âmes à son pouvoir. Tant que l'âme demeure libre, il trouve une limite et une limite infranchissable.

Aussi Rome *l'importune*, et il n'aspire qu'à renverser cette citadelle sacrée de la conscience humaine.

ARMÉE. — Et cependant comment demeurer insensible aux destinées que nous annonce le libéral Empire, destinées qu'il nous fait tellement heureuses et enviables ! Songez donc aux bienfaits de la conscription ! « Elle met la nation dans l'armée, l'armée dans la nation ! » En 1806, Napoléon réorganisa la garde nationale, qui comprend en trois bans tous les hommes valides de *vingt à soixante ans ! ! !* « *A la paix*, disait-il, *j'aurais amené* tous les souverains à ne plus avoir que leur simple garde, *j'aurais procédé* à l'organisation de la garde nationale, de manière à ce que chaque citoyen connût son poste au besoin ; alors *on aurait* eu vraiment une *nation maçonnée à chaux et à sable*, capable de défier les siècles et les hommes. » Admirable conception ! Les Français ainsi *maçonnés* se résigneront à atteindre l'âge où l'on meurt, sans avoir eu un seul instant la libre disposition de leur personne ! La foi chrétienne nous parle de l'édification spirituelle, de la construction des *pierres vivantes* choisies pour la Jérusalem future. L'Église construit les âmes dans la paix, et elles-mêmes se façonnent et se taillent, sous l'œil de l'Artisan divin. Elles s'érigent volontairement, et dans une libre harmonie. Le césarisme, lui ! prend les hommes. Le sabre et la caserne, voilà la truelle, voilà le ciment de la bâtisse sociale ; le maçon despote gâche sans scrupule ces corps qui n'ont plus d'âme.

QUESTION ÉTRANGÈRE. — Napoléon, si l'on en croit son Neveu, n'opprimait la liberté que pour la rétablir, et il ne faisait la guerre qu'en vue de la paix. On allait aux larges franchises par l'asservissement, et les sanglantes collisions n'étaient que le *chemin court* de la concorde universelle. L'expédition de Russie nous offre le tableau de cette union paternelle des nations européennes se groupant *librement* (!) sous le même drapeau « pour marcher sur Moscou : — Prussiens, Hanovriens, Saxons, Westphaliens, Polonais, Autrichiens, Wurtembergeois, Bavarois, Suisses, Lombards,

Toscans, Napolitains, etc, etc. La fatalité et les éléments se liguèrent contre l'Empereur. » Un rigoureux hiver en Russie est un phénomène si rare ! et la fatalité fut grande !... Mais les peuples, heureux de cet essai de *sainte Alliance*, en regrettèrent si vivement la rupture qu'ils s'obstinèrent dans leur fidélité à *l'Empereur et Roi, au médiateur de la Confédération du Rhin*, qu'ils firent échouer tous les projets de coalition, qu'ils se refusèrent à tourner leurs armes contre lui ! Le *Tugen-Bund* n'est qu'une vision historique, et il faut reléguer au pays des fables les journées de Lutzen, de Bautzen, de Dresde, de Leipsick, de Hanau, et la campagne de 1814 !...

Glisser dans l'histoire contemporaine cette page digne des *Mille et une nuits*, c'est spéculer hardiment sur l'ignorance du lecteur, mais c'est trop présumer de sa simplicité que de comparer « les guerres de l'Empire » aux fertilisantes inondations « du Nil » et d'oser dire : « Si la guerre est le fléau de l'humanité, ce fléau perd une grande partie de sa malheureuse influence, quand la force des armes est appelée à *fonder* au lieu de détruire. »

Nous savons les ruines que le premier Empire a faites ; ce qu'il a fondé, s'il a fondé quelque chose, a péri sans retour. Cet Empire n'a vécu qu'au jour le jour, comme tout établissement sans lendemain. On ne fonde qu'avec le sentiment du repos et de la durée. Le repos et l'Empereur se fuyaient à l'envi. Ce souverain, né de la guerre, ne pouvait s'en passer, il craignait surtout la paix, qui infailliblement lui eût demandé compte de tant de guerres. Le Neveu de César nous parle aujourd'hui de ses grands desseins : « Si la fortune ne *l'eût* pas abandonné, il aurait eu dans ses mains tous les moyens de constituer l'Europe... Pour cimenter l'association (universelle), il eût fait adopter un code européen, une cour de cassation européenne redressant pour tous les erreurs, comme la cour de cassation en France redresse les erreurs de ses tribunaux. » Et le Neveu s'arrête, « avec l'impression que laisse un *rêve enivrant*, sur le tableau de bonheur et de stabilité qu'*eût* présenté l'Europe, si les vastes projets de l'Empereur *eussent* été accomplis. » « Il eût, dit-il, remplacé entre les nations de l'Europe *l'état de nature* par *l'état social.* »

Ces vues, hasardeux mélange de *contrat social* et de *polysynodie* (1), ne sont ni originales, ni nouvelles. L'Empereur n'eût jamais songé aux

____

(1) Rêve de l'abbé de St-Pierre.

vaines utopies dont le captif de Sainte-Hélène amusait ses compagnons d'exil et lui-même. Pour être réalisable, ce plan pacifique suppose l'Europe préalablement broyée sous le pied de César et la volonté du Dominateur, plus forte que l'invincible nature, opérant dans le creuset étroit et violent de l'uniformité, ce fusionnement universel de mœurs, de coutumes et de lois, qui n'eût été que l'universel abrutissement. Le Neveu admet sans réserve les outrecuidantes hâbleries du *Mémorial*, et l'excès de son admiration laisse pressentir que, si la fortune souriait à ses rêves, lui-même songerait aussi à refaire la géographie de l'Europe. L'histoire lui montre un précurseur dans les voies de cette politique, et voici sous quel jour il nous présente le grand dessein de Henri IV, « pacificateur de la France, dit-il, et fondateur de la liberté religieuse. »

« Henri IV avait amené la plus grande partie de l'Europe à le seconder dans ses vues *humanitaires*; et lorsque le fer d'un lâche assassin vint trancher des jours si précieux, il rassemblait une immense armée composée de contingents européens, se proposant pour but, non une conquête stérile, mais la paix universelle. Il allait forcer l'Espagne à reconnaître *l'égalité* et l'indépendance des *nations*, et il eût établi une espèce d'aréopage destiné à vider par la raison, et non par la force brutale, les querelles de peuple à peuple. »

Sur cette analyse de la politique de Henri IV, expression moins exacte des vrais desseins de ce prince que des idées de son interprète, on peut se convaincre que la solution du problème de l'équilibre européen, cherchée dans l'égalité des États, le remaniement des souverainetés, et par suite la destruction des petites puissances en vue des reconstructions nécessaires à cette prétendue égalité, tant de spoliations iniques et violentes dont nous sommes encore tout émus, ont leur origine dans une préméditation systématique, que dis-je, dans un complot arrêté de longue date.

L'imagination historique de l'auteur trouve sans doute piquant d'associer à de telles pensées le chef de la maison de Bourbon. Mais Henri IV avait un sens droit et une intelligence supérieure. Jamais il n'eût « prévu, » parce que jamais il n'eût admis que, « pour les peuples comme pour les individus, l'égalité soit la source de toute justice. » La Justice n'a d'autre source que la Vérité, et ni la Vérité ne consent qu'un niveau d'égalité s'étende sur tous les peuples, ni la Justice ne permet que pour établir une égalité chimérique, on détruise des inégalités vivantes et réelles. O généreux champions du droit nouveau, forts de toutes les ressources de ce droit latitudinaire, que vos exploits sont glorieux à l'encontre des petites principautés de Parme, de Modène, de Toscane et de la Royauté napolitaine ! Quel bras et quel cœur à guerroyer la pacifique souveraineté du *pêcheur* !... Mais ces hautaines inégalités, celle-ci qui est l'empire du Czar, cette autre qui sera demain l'empire d'Allemagne, vous les négligerez par prudence, que dis-je, vous trouverez juste qu'elles ajoutent encore à leur taille autant de coudées qu'il leur plaira ; en sorte que cette *justice égalitaire*, souriant aux forts et procédant contre les faibles, n'est, convenez-en, que la suprême injustice unie à la plus hypocrite lâcheté.

On peut juger aujourd'hui sur les faits cette politique de pondération internationale et d'équilibre humanitaire. Vingt ans ont été accordés à l'expérience de ces théories. L'écrivain socialiste, devenu ce dynaste que nous avons dû subir vingt ans, a largement satisfait pendant ce long espace à toutes ses haines, à toutes ses erreurs. La souveraineté pontificale, harcelée de ses conseils de sectaires, de sa railleuse protection, puis livrée aux bourreaux ! L'unité italienne et révolutionnaire, plantée comme une épine au pied de la France, et l'unité germanique comme un fer de lance à son flanc ; la Prusse protestante démesurément agrandie, et menant au combat toutes les forces de l'Allemagne... Et notre patrie... hélas ! qu'en a-t-il fait ? celui que ces trois mots marquent au front :

CASTELFIDARDO, SADOWA, SEDAN !

XIV.

La Réprobation.

N'est-ce pas l'expiation la plus humiliante de toutes nos infatuations philosophiques et politiques que ce long règne de l'Idée Napoléonienne et de l'apôtre de cette idée ? Que ce soit une si pauvre idée et si fausse, mise en expérience par un esprit si faux et si pauvre, qui, seule, pendant tant d'années, ait prévalu souverainement en France, qui ait eu seule, en France, la parole et l'action ! Que ce soit cela qui, pendant près d'un quart de siècle, ait pensé, parlé et agi pour la France ! Notre fierté pourrait-elle être plus ironiquement rabattue ? Mais après la dérision, cruelle est la justice qui aujourd'hui venge l'immoralité réitérée de notre choix.

— Eh quoi! la puissance cachée qui mène le monde ne semble-t-elle pas s'être faite complice de notre erreur et de cet homme?... Encore qu'elle ne *vît pas en lui une âme peu commune*, ne dirait-on pas qu'elle voulût *lui faire une fortune hors de l'ordre commun* (1)? Quel roi de France a jamais possédé dans cette plénitude l'absolu pouvoir? Qui trouva jamais les hommes et les choses plus souples?...

Tous ces corps de l'État qu'on eût dit éclairés de la lumière impériale, ces grands de sa création, ministres, sénateurs, députés, magistrats, tous ces *importants* de la finance, de la presse, de l'industrie, tout ce qui se dit progrès, civilisation, avenir, tout cela n'était-il pas prêt à jurer de nouveau par la fortune, par la sagesse, par le génie de César... bientôt par sa divinité? Comme on se prosternait devant la profondeur de ses conseils! comme on recueillait avec gratitude les rares oracles de cette silencieuse raison! Les puritains des vieilles oppositions parlementaires se distinguaient entre tous par un fanatisme particulier. Qu'on se rappelle les paroles qu'un de ces tribuns du barreau, socialiste devenu ministre, adressait à des catholiques assez mal inspirés pour vouloir la liberté de la charité! Après le reproche accoutumé sur « une tendance à aller chercher un protectorat, un mot d'ordre au delà des monts: » — « Vous croyez-vous donc, leur disait-il superbement, plus sages que les lois de l'État? plus sages que *celui qu'un vote solennel du peuple a appelé à gouverner la France?* Songez-y bien (2). »

Nul souverain de race ne s'est vu plus entouré que cet élu, de prévenances et de visites *souveraines*. Nul politique n'a eu entre les mains de plus heureuses cartes que ce joueur perfide, qui tourne le dos à la loyale fortune pour jouer un jeu inepte et cynique. Nul mortel n'a peut-être eu, comme lui, à sa discrétion les immortelles destinées de l'Eglise, pour changer finalement en trahison un insolent protectorat prêté, marchandé, retiré tour à tour. Il n'a pas vu que le sort de la France était là, et la clef de l'empire du monde... Mais qu'a-t-il vu, sinon ce que la Révolution lui ordonnait de voir? Et c'est là un terrible problème, dont la Providence garde le secret, qu'une si haute mission, et si évidente, ait été dévolue au

---

(1) Et comme il voit en nous des âmes peu communes,
Hors de l'ordre commun il nous fait des fortunes.
(CORNEILLE, Horace.)
(2) Discours de Billault au Sénat sur les conférences de St-Vincent-de-Paul.

plus aveugle d'intelligence, une incomparable puissance pour le bien au plus pauvre de bonne volonté !

Pourquoi ce torrent de faveurs en pure perte, faveurs dont le mépris retombe aujourd'hui sur nous ? « Élevé en honneur, l'homme abruti ne comprend pas (1). » Il poursuit les scandales de sa fortune. Dieu reste muet, et pourtant Dieu est tout acte et toute parole. Dieu, qui parle par ses soleils, par ses grâces, par ses fléaux, par ses déluges, par la voix de l'épreuve et de la souffrance, ne parle-t-il pas aussi par la prospérité ? Peut-être même est-ce là son langage le plus sévère, encore que l'oreille humaine s'y méprenne aisément ou ne l'entende pas du tout. Peut-être ce langage a-t-il d'autant plus de menace, que l'homme le prend pour un doux silence, quand la perversité de l'âme est montée au niveau de l'injuste fortune. L'homme ne voit point d'avertissement dans cette immense satisfaction laissée à toutes ses erreurs. Ce manque de contradiction, ces voies larges, ce monde ouvert à tous les ébats du moi divinisé ! Servile monde, d'où ne sort aucun cri de vérité pour instruire, qui ne réserve, du moins en apparence, aucun mystère pour confondre ; ce perpétuel sourire des choses est, aux yeux de l'orgueil, l'assentiment ou le sommeil de la Providence. L'obstacle a disparu ; l'homme est laissé à lui-même. Dieu ne conteste plus, Dieu ne redresse plus, Dieu se tait, tant cet homme s'est rendu sourd ! ou plutôt, à cause de cette surdité volontaire, Dieu ne lui parle plus que le langage qu'il entende le moins… Mais la scène change ; le jour pâlit et se voile. Les affaires longtemps remises au lendemain, les difficultés évanouies reparaissent soudain, elles accourent de tous les points de l'horizon. Les nuages épais, condensés en un clin d'œil, fondent en tonnerre, en déluge de sang. Tout s'affaisse, l'immonde empire croule enfin sous l'ignominie de Sedan ! ignominie sans exemple ! et que rien ne rachète. Dans ce César d'aventure, sous ce masque de général, il ne s'est pas même trouvé un soldat !… Partout il voit mourir devant lui, et lui ne sait pas mourir avec sa fortune. On reconnaît bien là les Buonaparte ! Race de bas étrangers, que leur exaltation même n'a ni anoblis, ni naturalisés ! Ménagers de leur sang, autant que dépensiers du nôtre, ils diraient au rebours de François Ier : « Tout est sauvé, car je vis. Il n'y a rien de perdu que l'honneur ! » Bras, tête et

____

(1) Homo quum in honore positus esset non intellexit. (*Ps.*)

cœur, tout manque à la fois à l'homme du Deux Décembre. Egalement incapable de commander, de combattre et de mourir, il se hâte de rendre son épée... épée honteuse, épée furtive, qui au besoin se raccourcit en poignard pour frapper le coup de Castelfidardo, ne gardant sur sa lame qu'une seule tache, celle du sang le plus pur de la jeunesse de France!...

N'est-ce pas lui, le sectaire du carbonarisme, qui a semé dans les plaines de la Lombardie cinquante mille cadavres de vos fils, ô mères françaises, pour y servir d'engrais à l'*Idée italienne!* et cinquante mille autres de nos frères, dévorés par la terre du Mexique!... quelle semence doivent-ils y faire lever?

XV.

La future Assemblée.

Enfin, nous sommes délivrés de cet homme qui, dans le cours de son long despotisme comme dans la précipitation *libérale* de ses derniers jours, n'a jamais servi que la Révolution, et dont la politique extérieure a toujours sacrifié les vivants intérêts de la France aux idées antichrétiennes et antisociales des Weishaupt et des Mazzini. Mais la chute du Principat révolutionnaire nous a-t-elle remis en possession de nousmêmes? Nous l'avons rejeté; mais avons-nous aussi rejeté ses maximes? Et ceux qui se sont emparés de la place vide, en repoussant les *personnes*, ne continuent-ils pas le *système?* S'il fallait considérer les trois ou quatre robins qui règnent et gouvernent en ce moment, comme les fidèles représentants des sentiments de la France, ce serait à désespérer de notre pays. On dirait que ces hommes ont gagé de se mettre à la fois hors de la conscience et de la raison. Et cependant, nous sommes sous le pressoir de l'étranger, humiliant et dur!... L'ère révolutionnaire nous a fait des jours que la France avait jusqu'alors ignorés. Puisse le sang généreux qu'elle répand aujourd'hui par toutes ses veines, lui mériter un meilleur avenir! Que désabusée par les cruels enseignements du malheur, elle ne remette qu'entre des mains fermes et sûres la question de nos destinées! Puisse le choix de ses représentants à la prochaine assemblée témoigner de l'assagissement général des esprits! Qu'une digue enfin s'élève contre ce vaste courant d'erreurs et de fausses opinions où les ennemis-nés de toute vérité ne sont pas seuls à se perdre!

On pourra bien augurer des travaux de la troisième *constituante*, si, abjurant les errements de ses devancières et les inepties du *contrat social*, elle néglige la *déclaration des droits* de cette créature philosophique qu'on appelle *l'homme et le citoyen*; si, prenant tout simplement l'homme tel qu'il est, tel que la foi catholique nous le montre, le citoyen tel que l'histoire l'a fait chez nous, tel que l'expérience politique l'observe, elle nous délivre des extravagances dogmatiques de l'impiété et sauve la société civile de l'insupportable douleur de vivre au jour le jour.

L'homme, en effet, ne se peut considérer comme le principe unique de la souveraineté, qu'il n'accommode la justice et le droit à toutes les idoles de son esprit. La loi désormais flotte au vent de toutes les utopies progressistes, saint-simonienne, hégélienne, sensualiste, déiste, panthéiste, athée. Car un attribut suprême, qu'il ne saurait revendiquer et que d'ailleurs il méprise, c'est la persévérance immuable de ses pensées : leur mobilité même lui semble un argument de progrès et un témoignage de puissance. Il fait ce qu'il veut, et il veut tout ce qui lui plaît. Il fait donc et défait *de droit* toutes ses opinions et toutes ses maximes, il fait et défait *de droit* toutes ses lois. Il décrète à son gré que Dieu existe, et que Dieu n'existe pas; que l'âme est immortelle, et qu'elle n'est qu'un souffle ou une hypothèse. Il décerne un culte à la Raison, à toutes les vertus, et il consacre tous les délires du vice. Il admettra le mariage, il admettra le divorce, il admettra la polygamie. Il reconnaîtra la famille et il dissoudra la famille. Il décrétera la propriété, et il en décrétera l'abolition. Il adjugera le citoyen à l'État, la famille à l'État, la propriété à l'État; — et qu'est-ce que l'État? Que représente-t-il? La chimère de quelques hommes, le rêve de *l'homme souverain* ?

Il est évident que ce Législateur impérieux, qui va décider tour à tour Oui et Non dans les questions qui le touchent de plus près, manque de lumière sur lui-même. Il ne se connaît pas, se connaît mal, ou ne veut pas se connaître. C'est l'ignorance ou le mépris d'une révélation nécessaire, qui fait cette ignorance et par suite ce mépris de l'humanité. Trop souvent les plus versés dans les sciences exactes et dans l'étude méthodique de la nature n'ont sur la nature humaine que des vues fausses et déréglées. C'est parmi eux que les idées antisociales semblent de préférence recruter leurs adeptes. Observateurs clairvoyants dans l'ordre des phénomènes extérieurs, ils errent en aveugles ou en furieux dans le monde des esprits.

Repoussons donc à jamais cette souveraineté législative qui ne dispose ni selon la vérité, ni pour la durée. Ne reconnaissons pour souverain que celui-là seul qui a dit que « tout pouvoir vient de lui » et que « par lui règnent les rois. » Ne reconnaissons de Législateur que son fils et son envoyé, l'Homme-Dieu, dont la parole luit sur le monde depuis dix-huit siècles. Que cette lumière, la seule pure, la seule constante, soit la règle de nos mœurs, le flambeau de nos sciences et l'âme de nos lois. Que le Christ soit la *voie* et la *vie* de l'autorité ; qu'il soit la *voie* et la *vie* de la Liberté : car le Christ est la *vérité* même, et aucune de ces choses ne subsiste par soi et indépendamment de la vérité.

XVI.

On ne va à la liberté que par la vérité.

C'est donc au jour des grandes vérités chrétiennes qu'il s'agit de considérer les principes qui doivent présider à la restauration de la société politique : principes dérivés, qui n'ont leur sens légitime et leur juste valeur que dans la mesure où ils se reconnaissent dépendre de ces vérités. En vain on repaît nos yeux et nos oreilles des mots symboliques de Liberté, d'Égalité, de Fraternité (Ordre, Liberté suffisait à la monarchie de juillet) : ces mots ne sont ni exacts, ni sincères. Est-ce en France qu'on ignore qu'il y a une liberté tyrannique, un ordre subversif, une égalité menteuse, une fraternité homicide? Aux yeux des révolutionnaires cyniquement logiques, que représente la Liberté, sinon la main mise sur l'Eglise, la proscription du pasteur, la dispersion du troupeau?... en attendant mieux. Que veut l'Égalité comme ils l'entendent, sinon que toute expression de grandeur disparaisse? un nivellement tel, que la croix même, et surtout la croix, succombe ; que l'élévation ambitieuse d'un clocher de village ou d'une flèche de cathédrale cesse d'affliger l'uniforme abaissement de toutes les demeures, et que, dans la Société, aucune cime intellectuelle et morale n'interrompe la platitude de l'horizon civique ! Plus de supériorité quelconque ! Plus rien qui effarouche la médiocrité envieuse et l'ignorance hautaine. « A bas la science ! » s'écriait dans une conférence publique un progressiste du lieu. Que peut exprimer la Fraternité qui naît de tout cela, sinon l'embrassement affreux du brigandage et de la misère ?

Sans doute il est encore d'honnêtes gens qui ne se lassent pas d'accueillir, sous ces trois ou quatre mots, la Liberté de faire ce que la loi ne défend pas ; l'Égalité de tous devant la loi ; l'Ordre et la Fraternité, commune résultante de l'obéissance à la loi !... Mais qui ne voit que le paisible règne de cette devise en suppose les termes rectifiés et remis à leur place, c'est-à-dire déchus de leur prétention à faire figure d'axiomes ; — chacun en particulier, et tous ensemble, n'étant que les corollaires d'une proposition supérieure ?

La Fraternité, par exemple, offre-t-elle le moindre sens, quand on n'admet ni la création de l'homme, ni l'unité du genre humain ? Les humanitaires, les solidaires croient-ils à l'origine commune, à la chute de tous en un seul, à la Rédemption de tous par un seul ? Se croient-ils frères en Adam et frères dans le Christ, frères dans l'amour de Dieu, dans la Vérité incarnée pour notre salut ? Ce grand mot et celui de solidarité n'ont qu'un sens faux et perfide sur des lèvres antichrétiennes.

N'est-il pas, en outre, évident que la Fraternité est incompatible avec l'Égalité révolutionnaire ? Celle que le christianisme annonce est l'égalité de tous devant Dieu. Mais cette égalité même de notre néant en présence de celui qui nous a fait être, n'implique en aucune manière que ce néant soit uniformément apanagé. La diversité des dons, des vocations, des aptitudes, met les hommes dans une dépendance mutuelle qui est un lien d'affection. Tributaires les uns des autres, et chacun, à proportion qu'il a reçu, tous paraîtront également au Tribunal du juge pour être inégalement jugés. Sévère aux mieux doués, la justice sera plus indulgente aux autres. Si la Fraternité, selon *la déclaration des droits*, pouvait être réalisée, elle n'offrirait qu'une juxtaposition d'individus exactement semblables, sans aucun besoin de se rien donner et ne voulant se rien devoir, vivant plus ou moins à l'écart et séparés par l'égoïste indifférence. C'est l'homme idéal de Rousseau, l'homme appauvri, abêti par l'orgueil.

Et la Liberté, que prétend-elle lorsqu'elle s'affiche dans cette indépendance altière ? Car, soit qu'on l'envisage comme puissance de faire (*modus faciendi*), ou comme manière d'être (*modus existendi*), quelque chose prime toujours la liberté, à savoir le Vrai ou le Faux de ses résolutions, le Bien ou le Mal de ses actions, d'où s'ensuit la paix ou le trouble de la vie. La liberté *in actu* présuppose la Loi. Elle est toute dans le choix d'un parti conforme ou rebelle à la raison ; elle accorde ou refuse l'obéissance à une règle souveraine. La Liberté, en tant que *possession d'état*, dépend du caractère habituel de ses déterminations. Elle n'est par elle-même ni une règle d'action, ni une garantie de bonheur. La Liberté ! dit-on ; tout par la Liberté et pour la Liberté ! Que veut-on dire ? Est-ce la Liberté *en puissance ?* Mais à qui manque-t-elle en particulier ? chacun l'exerce à ses risques et périls. Faut-il la constituer socialement ? Qu'est-ce à dire ? Ne voit-on pas que c'est poser le droit d'annoncer le faux et de pratiquer le mal, comme une des conditions de l'ordre civil ? Or il est impossible de déclarer la justice et l'homme indifférents l'un à l'autre, sans pousser l'homme sur la pente naturelle de l'injustice. Reconnaître à l'erreur et au mal un droit social à l'existence, c'est par le fait même déclarer la guerre à la vérité. Et ne dites pas que la liberté politique garantira la tolérance. C'est là une de ces promesses dont la Révolution amuse les hommes avant de régner, et qu'elle viole aussitôt qu'elle règne. Elle n'admet alors que sa propre liberté et persécute la foi, la vérité, l'Église catholique, partout et toujours. Car l'erreur est bien autrement intolérante de la Vérité, en ceux qui la professent, que la Vérité ne l'est de l'Erreur, dans les errants. La tolérance, en effet, que l'Église accorde, crainte d'un mal plus grand par l'intolérance, ne saurait jamais s'ériger en dogme. Que s'il était possible que la conciliation entre les esprits s'obtînt au prix de l'absorption et de l'évanouissement des principes, le monde s'abîmerait dans la nuit.

Sans une doctrine sûre et constante, l'Égalité, la Fraternité, l'Ordre, la Liberté ne sont que des mots vides. Si l'on ne veut pas que ces mots-là reçoivent de la tempête une terrible acception, il faut souffrir que la Vérité les précise et les fixe. « La Vérité vous délivrera, » dit l'Evangile : *Veritas liberabit vos :* c'est la Vérité qui rend libre. Ah ! la Vérité ! Voilà où il faut atteindre, voilà où il faut revenir pour posséder la Liberté.

Combien aujourd'hui s'écrient comme Pilate : « Qu'est-ce que la Vérité ? » et combien la tiennent pour inutile !

XVII.

Le libéralisme n'est pas la voie de la Liberté.

La lettre que M. Guizot vient d'adresser aux détenteurs actuels du pouvoir (1) doit classer cet homme d'État parmi ces douteurs incurables qui demandent encore : Qu'est-ce que la Vérité? Il parle avec une certaine élévation de nos fautes et de nos disgrâces, de l'urgence des remèdes à tant de maux. Il cherche les moyens de mettre un terme à cette immense perturbation des esprits et des choses, et de résoudre le problème, toujours pendant, d'une reconstitution sociale. Et cependant, qui le croirait qu'une éminente intelligence agite de tels pensers, sans se préoccuper des oracles suprêmes sur lesquels reposent les fondements de toute société, de toute autorité et de toute loi, oracles *impératifs* et *prohibitifs* tout ensemble, injonctions absolues de la Vérité? Ces divines données, ces prolégomènes nécessaires de l'ordre civil et politique, il les oublie, il les délaisse pour s'en remettre de la pressante affaire de notre salut à cette liberté vague, indéterminée, sans principes, sans lumière, discutant toujours, cherchant toujours et ne trouvant jamais (car les yeux lui manquent), non-seulement inégale, mais étrangère à la tâche qu'on prétend lui assigner. La Liberté par elle-même n'est pas la Raison, et cette latitude qu'elle usurpe implique l'insupportable contradiction que ce qui s'affirme Vrai se laisse discuter, ce qui s'affirme Juste et Légitime se laisse mettre en question, au risque de périr ; car la réponse est vaine que la discussion fait infailliblement prévaloir le Juste et le Vrai. Cette Liberté qu'on suppose présider à de tels débats, qui peut l'établir elle-même dans une telle impartialité avec le vrai et le faux, le bien et le mal, que l'équilibre se maintienne? Mais cet équilibre n'est qu'un indifférentisme moral, ou plutôt chimérique.

C'est le mensonge de l'Ordre et la dérision de la Paix. On ne constitue rien avec de telles idées, mais on perpétue la Révolution.

« Les mauvais entretiens corrompent les bonnes mœurs, » dit l'apôtre saint Paul ; l'homme penche au mal. Serait-il donc démontré faux par le

(1) Lettre de M. Guizot aux membres de la Défense nationale, 3 décembre 1870.

règne de la Liberté que le discours prépare l'action? Est-ce que tout dire
ne conclut pas à tout faire? et la licence des paroles n'est-elle plus. ce
ressort d'où part la violence des coups de main?

Ce ne sont pas là des vérités que M. Guizot ignore, et pourtant voilà
ce qu'il écrit : « Les fanatiques de la République révolutionnaire et les
utopistes socialistes ont droit à toutes les libertés publiques ; ils ne sauraient être associés par les chefs même du pays au gouvernement du
pays, car ils sont, soit qu'ils le veuillent ou non, destructeurs de tout
gouvernement républicain ou monarchique.

« Ceci n'exclut aucun libre élan de la pensée, aucun débat entre les
doctrines sociales, anciennes et nouvelles ; c'est une mesure d'harmonie et
de prudence politique, une épreuve nécessaire et temporaire à laquelle
toutes les idées doivent être soumises avant d'être admises à passer dans
les faits. »

Et un peu plus bas :

« La liberté n'existe, dit-il, que lorsqu'elle est la même pour tous,
conservateurs ou libéraux novateurs, chrétiens ou libres-penseurs. »

Cette égalité devant la Liberté, égalité blessante pour les conservateurs
et les chrétiens, suppose le principe socialement posé qu'il n'y a point de
vérité certaine, ou que la vérité n'existe pas. Cependant, malgré son
impartialité d'indifférence, M. Guizot pense qu'il faut exclure de toute
participation aux affaires les esprits trop aventurés dans les voies du progrès. Il prétend que les utopistes socialistes et les révolutionnaires à
outrance ne sauraient être associés au gouvernement, et pourtant il leur
laisse ce droit « à toutes les libertés publiques, » qui tôt ou tard peut les
mettre en possession du pouvoir ! Or il ne tombe pas sous le sens que le
gouvernement, quel qu'il soit, admette légalement à l'existence ce qu'il
sait travailler à sa ruine, et surtout il est inconcevable qu'une autorité
légitime, régulière, tolère ces sortes de débats populaires où le sophisme
et l'ignorance se partagent la tribune, où des orateurs frénétiques sou-
lèvent contre les lois premières de la Société, contre le principe même de
l'existence, les brutales passions d'un auditoire aguerri à tout entendre,
hors le vrai, à tout faire, hors le bien.

On comprend mal cette mesure de prudence et d'harmonie qui ne
permet plus de tenir pour impossible *a priori* la réalisation de certaines
utopies, que la sagesse d'hier, qui doit être aussi celle de demain, eût

non-seulement écartées sans discussion, mais marquées d'une juste flétrissure, et que « le libre élan de la pensée » peut dorénavant d'un jour à l'autre faire passer dans les faits. Ce libre élan de la pensée n'est que la liberté du délire politiquement garantie.

Et comment veut-on que la Liberté, ne relevant que de soi, c'est-à-dire indifférente, demeure strictement impartiale entre les doctrines belligérantes? Mais l'impartialité entre le vrai et le faux est une partialité contre le vrai ; le désintéressement entre le·bien et le mal, est une conspiration contre le bien. Comment, dans cette situation immorale, la liberté maintiendra-t-elle la balance? Comment se fera-t-elle à elle-même son équilibre? Son impuissance est évidente, et de là il faut qu'un pouvoir quelconque intervienne ; et loin que la Liberté fasse à chacun la part qui lui revient, c'est le pouvoir qui fait à chacun sa part de liberté. Et cette déesse, non moins aveugle que la Fortune, nous remet nécessairement à la discrétion de la force. Mais la force s'inspire d'un principe, bon ou mauvais; elle sert la vérité, elle est aux gages d'un mensonge, d'un sophisme ; et de ce principe de bien ou de mal naît l'oppression ou la liberté. Car enfin c'est l'ordre même que la Liberté s'établisse par la Vérité, c'est le renversement de la raison que la Vérité se fasse par la Liberté.

M. Guizot n'offre à tous nos maux que les conseils d'un empirisme stérile. Au lieu de chercher dans une certitude supérieure le secret du soulagement et la voie toujours possible de la guérison, il en appelle, pour guérir la France malade, à cette partie de la Société qu'il croit à tort moins malade que le reste. Il veut que le pouvoir actuel, auquel il donne une adhésion sceptique, s'appuie là où il place lui-même en hésitant ses frêles espérances : sur « cette vaste population laborieuse, aisée, point mécontente de son sort, qu'on a souvent appelée le juste milieu... Population presque toujours trop timide, trop complaisante, tantôt pour ceux qui au nom de l'ordre lui refusent les libertés nécessaires, tantôt pour ceux qui au nom de ces libertés compromettent son laborieux repos ; France sensée, modérée et honnête, qui depuis trois quarts de siècle demande toujours la même chose à tous les gouvernements qui se succèdent sur son sol, la mesure d'ordre nécessaire à la sécurité de la vie sociale, la mesure de liberté nécessaire à son activité féconde. »

L'expérience politique de M. Guizot, et ce *juste milieu*, objet exclusif des prévenances de la monarchie de Juillet, sont également jugés par la catastrophe de février. M. Guizot toutefois prétend maintenir une sorte de prépondérance à ces classes intermédiaires dont il fait une peinture assez peu flatteuse : « Vaste population, dit-il, honnête, modérée, mais timide ; » c'est-à-dire dénuée de toute intelligence politique, étrangère aux principes, incapable de les discerner, indifférente à la moralité des gouvernants, et ne leur demandant que le repos, comme si la paix et l'autorité n'eussent rien de commun avec la morale ; — sans prévoyance, sans esprit public : — et M. Guizot lui-même semble circonscrire le tout de la civilisation française dans « la mesure d'ordre nécessaire à la sécurité de la vie sociale, » dans « la mesure de liberté nécessaire à son activité. » Quoi ! rien de plus ? Est-ce que les nations, la nôtre en particulier, n'ont pas d'autre devoir ? Est-ce à ces bourgeoises proportions que leur existence doit se réduire ? N'ont-elles pas une autre fin que l'exploitation et le culte de la matière, assez mal déguisés sous l'expression « d'activité féconde ? » Avons-nous oublié ou abjuré ce grand devoir qui nous est imposé de vivre pour la défense et la propagation de la vérité ? Mais aux yeux du protestant éclectique, sceptique, qui se croit impartial, qu'est-ce que la vérité ? Une affaire tout individuelle, dont l'État ne connaît ni ne s'occupe. L'intérêt, et l'intérêt seul, est le vrai. Chacun chez soi, chacun pour soi, la politique du repos et du bien-être, le principe de non-intervention, etc. Ces aphorismes nous sont connus, et connus par leurs résultats. Ce pseudo-libéralisme ne va qu'à l'anéantissement des saines doctrines, il ruine l'avenir, sans garantir au présent une heure de tranquillité. La dernière lettre de M. Guizot ne peut être d'aucune utilité dans les circonstances actuelles. Les idées qu'elle contient, formule sénile de la présomption et de l'impuissance, sont les idées d'un monde qui s'en va, monde universitaire, doctrinaire, éclectique, saint-simonien, monde qui a trop régné, qui a trop vécu et qui se meurt, mais qui tarde trop à mourir.

XVIII.

Fragment d'un discours prononcé en 1825, à la Chambre des Députés.

Il n'est pas hors de propos de rappeler ici les conseils qu'à l'occasion d'une discussion mémorable, un homme de bien, grand orateur, donnait aux ministres de la Restauration. Ces paroles de vérité, paroles telles que la tribune française n'en a plus jamais fait entendre de semblables, n'ont rien perdu de leur intérêt ; elles sont même aujourd'hui de la plus pressante opportunité. La voix éloquente qui les prononçait, il y a bientôt un demi-siècle, est depuis longtemps rentrée dans le silence. Qu'elle nous instruise encore, s'il est possible, après cinquante années d'oubli.

« S'il est pour la France quelque moyen d'arriver à une véritable restauration, si après les crises affreuses qui l'ont agitée, après les remèdes si malheureux qu'on a tentés depuis, et qui n'ont fait que pallier le mal, le laisser pénétrer dans la substance intime de l'État, et changer en langueur et en léthargie le transport et les convulsions d'une fièvre ardente ; si, dans cet état, il est possible de guérir la France, le moyen, le seul moyen est de fortifier la Religion, en rendant à l'Église son indépendance, son autorité, sa force, tout est là !

« La Religion peut nous sauver encore. Elle a fait de plus grands ouvrages. Par son établissement, elle a sauvé le monde descendu au dernier degré d'avilissement. Elle a créé alors un nouvel univers et fait sortir des vertus sublimes du sein de la plus profonde corruption.

« Le moyen est dans vos mains. Que dis-je? la Religion renaît comme d'elle-même, ramenant l'ordre avec elle, presque sans le concours et souvent malgré la résistance de l'autorité, comme si Dieu voulait montrer sa main sensible et palpable dans la restauration des choses, ainsi qu'il l'a fait d'une manière frappante et terrible dans leur renversement.

« Favorisez son œuvre. Fortifiez l'instinct religieux, c'est lui qui fait l'homme. Autant vaudrait tenter d'apprivoiser les lions et les ours, que de policer ou de corriger les hommes sans leur parler de Dieu. Cela ne s'est point vu et ne se verra jamais. Protégez la Religion, non pas seulement comme religion de l'État, de peur qu'on ne dise : si l'État en avait une autre, fût-ce l'idolâtrie, il faudrait donc la protéger de même... ? Gardez surtout de la confondre avec les sectes qu'elle réprouve, et sous prétexte d'une tolérance, trop voisine d'une coupable indifférence, d'envelopper tous les cultes chrétiens dans une protection qui les place au même niveau.

« Protégez-la comme la Vérité, sans en rougir, sans y mêler les maximes de la philosophie, ni les ménagements d'une lâche timidité... Rendez à l'Eglise cette magistrature qui n'appartient qu'à elle, qui préside à la naissance, au mariage et à la fin de l'homme, montre Dieu plaçant l'homme sur la terre, lui donnant la fécondité, et le rappelant dans son sein...

« Faites observer le repos du septième jour, partout impudemment violé, ce repos si salutaire à l'homme...

« Prêtez la force des lois à ses préceptes divins... Relevez ses temples, ajoutez vos pompes à ses fêtes publiques ; favorisez ses établissements ; confiez-lui l'éducation de l'enfance. C'est elle qui forma tous les génies qui ont illustré la France. Elle seule peut renouveler aujourd'hui, jusque dans le fond, les âmes dégradées, éteindre cette soif de s'élever et de s'enrichir qui les tourmente incessamment, dompter l'orgueil et guérir les hommes de la passion de l'indépendance, qui n'est au fond que la soif de dominer, rendre enfin le calme à l'âme et accoutumer chacun à rester à la place où Dieu l'a fait naître, satisfait du degré de fortune, de distinction et d'honneur qu'il est appelé à recueillir dans cette position où Dieu l'a placé (1). »

XIX.

Libertés salutaires.

Le mépris obstiné des principes, dont ces paroles sont la généreuse expression, a engagé la France dans une série de catastrophes, qui sont comme les termes d'une progression sinistre, 1830, 1848, 1851, 1870 ! après quoi il semble qu'on ne puisse rien pressentir que le dernier naufrage. Tous nos efforts ont été vains, toutes nos douleurs stériles. Vains encore et stériles seront tous nos travaux et tous nos sacrifices, tant que nous persisterons à constituer la Liberté en dehors de la Vérité.

Rien ne pourra se faire tant qu'il sera donné à la Révolution de prévaloir, et d'imposer ses maximes, ses lois, son langage.

Rien ne se fera tant que la loi humaine, affectant l'indépendance vis-à-vis de la parole divine, osera se déclarer étrangère à toute religion, c'est-à-dire athée. Aucune restauration sociale n'est possible tant que les droits de Dieu et de son Christ ne seront pas socialement reconnus.

(1) Discours de M. Du Plessis de Grénedan, dans la discussion du projet de loi sur le sacrilége.

Rien ne sera fait tant que l'on n'aura pas rendu à la Religion Catholique, qui est celle du peuple Français, la prééminence que lui assurent la divinité de son origine, la sublimité de ses dogmes, l'immensité de ses bienfaits, la sainteté des dévouements qu'elle produit chaque jour ;

Tant que l'on déniera à l'Église le droit de propriété, la pleine liberté de son culte et de ses institutions ;

Tant que la jalousie du Pouvoir surveillera tous ses mouvements, comme ceux d'un ennemi, prenant ombrage de ses moindres démarches ;

Tant qu'une indemnité précaire, en retour d'une immense spoliation, permettra à une malveillance, qui ne désarme jamais, de traiter le clergé comme un fonctionnaire salarié.

Rien ne sera fait tant que l'État, indifférent ou athée, s'attribuera sinon l'absolu monopole de l'enseignement, du moins une sorte de droit de vie et de mort sur tous les établissements admis à la concurrence avec les siens.

On ne comprend pas que l'athéisme ou le scepticisme enseigne et contrôle l'enseignement qu'il ne donne pas.

Et lors même que l'Etat serait en bonne intelligence avec la vérité, la haute surveillance qui lui appartiendrait alors devrait-elle dégénérer en rivalité d'écoles ? Devrait-il jamais s'embarrasser du détail de l'instruction ? Qu'il s'en repose de tout cela sur le zèle du clergé, sur les efforts de l'initiative privée. Les soins vigilants de l'épiscopat, de la magistrature et des pères de famille, de sévères examens, de rigoureuses épreuves pour l'admission aux professions libérales et aux fonctions publiques lui seraient une garantie suffisante de la moralité de l'enseignement, de la force des études et de la capacité des candidats. Le développement des universités libres, et l'émulation qu'une vie nouvelle éveillerait entre elles, entraîneraient la suppression de ces chaires de luxe, toutes si coûteuses, quelques-unes si honteuses, chaires de la Sorbonne et du Collége de France, qui, par le vague, l'inutilité et l'élasticité de certains sujets de *cours*, deviennent trop souvent un professorat de libertinage intellectuel.

Rien ne sera fait tant que la presse quotidienne, où le bien lutte avec tant de peine contre le mal, ne verra pas s'élever, contre sa puissance de nuire, une barrière sérieuse qui place hors de toute négation et de toute discussion Dieu et sa vérité.

Ne voit-on pas enfin qu'il y va de l'intérêt étroit de la vie humaine que des mains folles ou furieuses n'ébranlent pas à toute heure les assises mêmes sur lesquelles elle repose : la religion, la famille, le droit social de la propriété et du pouvoir? Qui ne voit que ce peu que l'on ôte ici aux franchises de l'erreur, accroît tout simplement à la liberté de vivre?

Qu'en s'affranchissant de la centralisation universitaire, le pays ne diffère pas plus longtemps de briser la centralisation administrative, le joug bureaucratique. Il serait à désirer que les conseils départementaux pussent se former, par voie de délégation, en Conseil provincial périodique, pour discuter et prononcer sur les intérêts communs aux départements d'une même province, et pour préparer l'étude des questions à débattre au sein de l'Assemblée nationale.

Que, par la résurrection des provinces, sans porter autrement atteinte aux divisions départementales, des centres de vie se réveillent, assez puissants pour insuffluer une énergie nouvelle à la vie unitaire de la France; que les provinces, en possession d'une juste autonomie, retrouvent cette force d'initiative et de résistance, contre laquelle se brise à l'avenir le triple fléau du despotisme, de l'anarchie et de l'invasion étrangère.

La France a été faite par les Évêques ; — que les Évêques soient invités à la refaire ; — que, dûment représenté à l'Assemblée, le Clergé apporte son concours à la restauration de la Société. Notre divorce avec l'Eglise n'est pas naturel ; c'est notre mission, c'est la raison de notre existence nationale, de défendre et de propager la Vérité. Des éclipses de puissance et d'honneur marquent nos infidélités à ce devoir,... à ce privilége. — Il semble qu'il ait été en particulier dit à la France : « Cherchez d'abord le royaume de Dieu et sa justice, et le reste vous sera donné comme par surcroît. »

Plusieurs, en lisant ceci, s'écrieront sans doute : *Durus est hic sermo.* Les paroles qui montrent le salut semblent toujours dures. Eh! croit-on qu'il ne serait pas, en effet, plus dur de périr?

XX.

Un dernier vœu.

Quel spectacle présente aujourd'hui notre désolé pays, quelle scène d'horreur et de pitié ! Tandis qu'il ramasse toutes ses forces contre la bestiale Allemagne que le Prussien Guillaume a démuselée et jetée sur nous, tandis qu'il lutte sanglant et déchiré, voyez donc s'abattre sur ses épaules, sur ses flancs, cette nuée d'oiseaux voraces qui cherchent jusque dans ses blessures l'aliment de leurs convoitises, qui fatiguent ses yeux de leurs sinistres tournoiements, et ses oreilles de leurs sauvages croassements de République, alors qu'une seule pensée devrait occuper toutes les âmes : le salut de la France. C'est bien la race de ces insensés qui s'écriaient jadis : Périssent les colonies plutôt qu'un principe ! Comme si l'existence d'un principe vrai dût jamais exiger le sacrifice des colonies. Et ceux-ci diraient : Périsse la France, plutôt que le principe Républicain ! Utopie vampirique, que ces possédés du paganisme scolaire mettent bien au-dessus de la patrie militante et souffrante !

A travers tout ce sang, toutes ces larmes, ils ne poursuivent rien que le triomphe d'une absurde négation ! Continuateurs, à Florence, de la politique italienne de Bonaparte ; à Paris, scrupuleux exécuteurs de la dernière volonté de l'Empire, ils consacrent, dans la ville de toutes les douleurs, l'apothéose de l'Homme-Démon !... Dans cette ville même, il est loisible aux logiciens de *l'idée* de chasser le Christ des écoles ; le prêtre, du lit des blessés et des mourants ! Ce quart d'heure de pouvoir qui leur est donné, ils le dévorent, pour faire tout le mal possible ! pour faire d'un peuple chrétien un parc de brutes *solidaires !* Si déjà, sous sa forme *modérée*, la République tolère de tels outrages à la conscience, si elle souffre, en province, que les triumvirs délégués s'emportent aux plus révoltants abus de pouvoir, que sera-ce donc quand le drapeau de l'avenir, qui, dit-on, flotte à Lyon, aura renversé son rival officiel?... Livrerons-nous donc la France à une forme de gouvernement qui demain la plongera dans le chaos de tous les systèmes socialistes, dans les dernières brutalités de l'athéisme cosmopolite?... L'heure présente est l'heure du bon conseil et de la prudence : c'est l'heure de la raison. Nous sommes partout dans les périls, périls intérieurs et extérieurs : *periculis in civitate, periculis in gentibus* (1). Songeons-y bien et voyons les choses dans leur menaçante réalité.

Il n'y a plus d'Europe aujourd'hui ; la chrétienté a disparu sous la barbarie prusso-moscovite. A la place de la véritable Europe, une autre

______

(1) II Cor., xi, 26.

se lève, chez laquelle les sciences et la civilisation ne sont plus que les instruments d'un sauvage despotisme. Cette Europe-là nous hait, non pas seulement pour nos erreurs, elle les partage ; pour nos fautes, elle en profite ; pour nos crimes, elle les dépasse : elle hait la France surtout parce qu'elle l'envie. Elle l'envie pour son climat, pour sa puissance, pour sa richesse, pour son unité, pour son génie, pour ses vertus, pour sa glorieuse antiquité, pour sa haute mission. Elle l'envie pour tout ce qu'elle fut, pour tout ce qu'elle est encore et ce qu'elle peut être, pour tout ce qu'elle doit être ! Plus de princes aujourd'hui, plus de rois, mais un troupeau de *porte-sceptres*, — *par la grâce* des Pharaons de Berlin et de Pétersbourg, — résignés à tout faire, à tout endurer, pourvu qu'ils retiennent sur leur tête quelque fragment de couronne avilie et mutilée. Sachons-le bien : le glaive qui a dépécé la Pologne pend sur notre tête... Ne préparons pas nous-mêmes, par de vaines disputes et de puérils entêtements, la voie de ceux qui méditent notre perte. Ne subissons pas, bon gré, mal gré, ce gouvernement idéal des gens de collège qui n'eut jamais chez nous que des essais sanglants et ridicules. N'allons pas en désespoir de cause nous rattacher à cela, nous leurrant de ces paroles erronées et peu sincères : *la République est ce qui nous divise le moins.* La République, divisée contre elle-même, est ce qui nous perd le plus.

Y songe-t-on sérieusement ?... Alors que le prestige de notre force militaire est cruellement atteint, quand les derniers désastres nous montrent si loin d'être invincibles, si loin d'être invulnérables, quoi ! sous le regard implacable et fixe de l'Europe devenue Tartare, et qui nous prouve plus impérieux que jamais le besoin de la forte unité monarchique, irons-nous placer, comme une cible à toutes les prétentions, à toutes les intrigues, je ne sais quel pouvoir présidentiel, pouvoir intermittent, orageux, précaire, incapable d'opposer un dessein suivi aux persévérantes menées de l'inimitié étrangère ? Les moments sont trop chers pour les donner aux illusions d'un optimisme qui se met la main sur les yeux. Nous donc, qui voulons que la France et la société vivent, ne souffrons pas qu'une vaniteuse démangeaison de progressisme mette nos actes en désaccord avec nos vrais sentiments. Tous, tant que nous sommes, qui reconnaissons avec M. Guizot que « la République dans ses deux premières apparitions parmi nous n'a pas assez bien réussi, ni assez longtemps duré pour que son retour nous inspire confiance et espérance, » concluons autrement que cet homme d'État, et n'allons pas, au moment du suffrage, contredire la droiture de nos pensées par l'erreur de nos démarches. Ce que nous savons fatalement mauvais, sachons enfin le repousser. N'acceptons pas la République, si nous n'y croyons pas, pour en venir encore à quelque revomissement d'Empire, à des hontes inexpiables, à une déchéance sans retour ! Repoussons-la, soit par vote direct, soit par mandat impératif qui enchaîne en ce point la volonté des représentants à la nôtre.

Que si l'heureux instinct de notre conservation parvient à nous sauver de la République et de la Révolution, si nous répudions enfin ce génie révolutionnaire, qui est le génie même du véritable Ennemi de l'homme, et le mortel ennemi de la France, gardons-nous de faire un seul pas en arrière, rompons avec ces traditions énervantes d'éclectisme politique par où les principes s'altèrent et le fruit des grandes révolutions est perdu. Oui, si la grâce de Dieu nous tire de ce gouffre, promettons-nous de n'associer à l'exercice du pouvoir personne, citoyen ou prince, que l'esprit de la Révolution ait irrévocablement marqué de son sceau. Sous les dehors d'une fausse impartialité, la lettre de M. Guizot plaide la cause des héritiers du roi qu'il a servi, et semble leur préparer une souple candidature. Or, il ne faut pas oublier que, dans les deux premières parties du long drame de nos malheurs, l'*Orléanisme* est le prologue, et l'un des ressorts même de l'action. Plaignons ces princes qui mettent une sorte de piété filiale à continuer les errements de leurs auteurs, qui ne se sentent pas détournés par leur raison et leurs vertus de cette fidélité qu'ils gardent à l'injustice ; qui lisent peut-être de sang-froid, dans Shakspeare, ces paroles que l'aîné de leur race serait en droit d'adresser à leur père et à leur aïeul : « J'ai courbé la tête sous vos iniquités... J'ai envoyé vers des nuages étrangers les soupirs d'un *Français* mangeant le pain amer de l'exil, tandis que vous vous engraissiez sur mes seigneuries, que vous abattiez les arbres de mes forêts, que vous enleviez de mes fenêtres les armes de ma famille, que vous effaciez partout mes devises, ne laissant, si ce n'est dans la mémoire des hommes, aucun indice qui pût prouver au monde que je suis un gentilhomme (1). » Plaignons ces

----

(1) Have stoop'd my neck under your injuries
And sigh'd my english breath in foreign clouds
Eating the bitter bread of banishment,
Whilst you have fed upon my signiories,

princes qui ont fait alliance avec des maximes subversives ; ne leur confions pas nos destinées (1).

La France se trouve si mal de tourner dans ce cercle vicieux de licence et de despotisme révolutionnaire, que dût-elle frustrer les candidatures de messieurs du Barreau à la Présidence du Gouvernement, elle devrait enfin essayer de la Royauté chrétienne. Retourner à une réalité antique a quelquefois le piquant du paradoxe, outre le profit d'être dans le vrai.

En recourant à la Royauté, on ne se rallie pas à une chimère, encore que le monde depuis longtemps ne la connaisse plus. Elle a fait ses preuves en faisant la France. Elle n'a rien de commun avec ce qu'on appelle l'ancien régime. Fille du Christianisme, elle représente l'union de l'autorité et de la liberté réconciliées dans la conscience humaine. Elle est l'unique institution qui, mettant le pouvoir en garde contre ses propres excès, assure aux peuples la liberté et la dignité dans l'obéissance.

Est-ce que l'extrémité du malheur et la stérilité de nos tentatives ne nous ramèneront pas enfin à la juste appréciation des choses? Et nos défaillances sceptiques nous rendraient-elles incapables de tout effort de raison et de bonne volonté? Souffrirons-nous qu'on nous amuse sans cesse de Washington et de l'Amérique? Laissons là ces tromperies et cet enfantillage. Que la France se réforme elle-même, selon son histoire, selon le Christianisme, et non pas selon l'Angleterre et les États-Unis ! N'est-il pas insensé de prétendre s'appliquer ce qui est sans raison d'être partout ailleurs que là où il est ? Il faut que la France se fasse des institutions pour ses mœurs, elle n'a pas le loisir de se faire des mœurs pour des institutions d'emprunt.

Le dernier Fils de France est sur notre frontière. Laissera-t-on dans cet exil celui qui n'attend qu'un appel de notre part pour se dévouer à l'œuvre de notre salut? Il se présente à nous avec tout ce qu'une existence humaine peut offrir de majesté. Son nom est celui même de notre patrie, la grandeur de sa race est identifiée à notre propre grandeur. Arrivé à

> Dispark'd my parks, and fell'd my forest woods,
> From my own windows torn my house hold coat,
> Raz'd out my impress, leaving me no sign,
> Save men's opinions, and my living blood,
> To show the world I am a gentleman. »

(Paroles du duc d'Hereford, plus tard Henri IV, roi d'Angleterre, dans *la Vie et la Mort de Richard II*. — Act. III, scène 1.)

(1) Ceci, encore une fois, était écrit aux premiers jours de janvier 1871.

l'austère maturité de la vie, le malheur qui a su l'atteindre dès avant sa naissance, qui s'est abattu sur ses jeunes années et s'est pour ainsi dire fait son commensal, n'a rien pu contre sa haute résignation. Il a deux beaux titres à notre confiance: la vertu, et la science de l'adversité. Quelles garanties pourrions-nous attendre d'un souverain qui ne se réunissent dans le prince exilé? L'Église trouve en lui un fils dévoué sans réserve au Saint-Siége ; la Société, un ami éprouvé de la justice et de toutes les salutaires libertés. Il peut se rendre ce témoignage qu'il n'a jamais profité de nos divisions pour relever le trône de France sur des ruines. Il a laissé aux *prétendants* du désordre cette criminelle habileté ! Pur de tout contact avec l'idée révolutionnaire, sa sincérité ne peut s'accommoder de ceux qui professent trop facilement, au dépens des principes, la politiqu des expédients. Un prince de ce caractère, et la force du droit qui est en lui, promettraient à la France des jours de paix intérieure, et une stabilité que nous ne connaissons plus. Que ceux d'entre nous, à qui leur âge permet de se souvenir de la Restauration et qui sont en état de porter sur elle un jugement équitable, redisent aux générations nouvelles quelle ère de prospérité furent pour nous ces quinze années, et d'essor en tout genre ! Et quelle était alors la sécurité du lendemain!... Instruits par la plus cruelle expérience, les Français apprécieraient peut-être mieux aujourd'hui ce bienfait d'un régime ferme et doux, paternel et digne ! Ah ! si notre patrie, comme il n'en faut pas douter, puise dans son invincible union la force de refouler ce déluge de barbares qui l'engloutit, au sortir de cet abîme, ne serait-ce pas un devoir de pieuse reconnaissance, dicté d'ailleurs par nos plus chers intérêts, de remettre les rênes de l'empire reconquis au dernier descendant des fondateurs de la puissante Unité française ? Sous les auspices d'une Royauté vraiment nationale, la France remonterait bientôt à son rang, et ceux qui nous délaissent ne seraient pas les moins humbles à solliciter notre alliance. Le temps nous serait rendu, nous ressaisirions l'héritage de cette mission providentielle que nous avons abandonné, et de grandes réparations accomplies nous permettraient de poursuivre les plus vastes desseins.

Le Mans. — Typ. Ed. Monnoyer. — Août 1871.